中学デビューシリーズ

初心者もぐんぐんレベルアップ
ソフトテニス入門

著
川端優紀
ヨネックス新潟 監督

ベースボール・マガジン社

はじめに

　私のソフトテニスとの出会いは中学の部活動でした。部員のほとんどが小学時代からの経験者でしたし、全国優勝の実績がある学校でした。周りにはお手本となる選手が多く、この中でどうやったらレギュラーになれるのかをずっと考えていました。私はモノマネが得意でしたので、まずは上手い選手のフォームや声の出し方のマネから入ったことを覚えています。上手くマネをするためにはよく観察することが必要です。今となってはその観察力が指導にもつながっていますが、当時はそのようにして自分の技術を高めていきました。

　私は気が強く、何本もラリーする我慢強さに欠けていたため早い段階で前衛になり、とにかく動き回るプレースタイルでした。私をカバーするペアの後衛はたいへんだったと思いますが、時には大物選手を倒すこ

ともあり、技術は劣っていましたが、実業団まで大好きなソフトテニスを続けることができました。

　今までたくさんの指導者に出会い、多くのことを学びましたが、一貫しているのは基礎技術が大事だということ。この基礎をおろそかにしては、試合では絶対に勝てません。試合に勝つことでソフトテニスが何倍も楽しくなります。そのためにもきちんと基礎を学んでおく必要があるのです。

　本書では今までの経験をもとに、各技術ごとに解説をしております。これからソフトテニスをはじめる選手が、楽しく、そして長くプレーしてもらうための手助けとなることを願っています。

川端優紀

HOW TO USE　本書の使い方

　ソフトテニスを始める中学生のために書かれた本書は、ソフトテニスの楽しさ・面白さを知ってもらうために、6つの特徴があります。これらを知って、本書を皆さんの上達のために有効に使ってください！（右利きを想定しています）

特徴 1　ショットの写真は連続写真で構成

　ショットを構成する写真点数を厳選かつ多く載せることで、身体の変化がわかりやすくなっています。連続写真でショットのイメージをつかみましょう。

特徴 2　分かりやすい打ち方の解説

　ショットの打ち方は技術的なポイントをできるだけ少なくして、分かりやすい解説を心がけました。

特徴 3　動画のプレーが見られるQRコードを設置

　特に見てみたいと思われるショットのページには、QRコードを設置しています。ここから入って、動画のプレーを見てイメージをつかんでください。

特徴 4　部活用の練習法を紹介

　生徒だけでも、すぐに取りかかれる練習法を紹介・解説しています。毎日の部活に活用しましょう。

特徴 5　中学生に覚えてほしい攻撃パターンを解説

　本書で紹介する7つの攻撃パターンを体験してみてください。試合をやってこそソフトテニスの楽しさ・面白さが実感できます。

特徴 6　ソフトテニスを理解するための用語を紹介

　ソフトテニスに出てくるたくさんの用語を紹介しています。知識を増やすことは、確実に自分のレベルアップにつながります。

目 次

はじめに ································· 2
本書の使い方 ························· 4

PART 1　ソフトテニスを始める前に知っておきたいこと

ラケットの種類と特徴 ························· 10
グリップの種類と特徴 ························· 12
ボールを待つ体勢の基本 ····················· 14
COLUMN 1　最初にラケットとボールに慣れよう ··········· 16

PART 2　ストロークの基礎

フォアとバックのスタンス ···················· 18
フォアハンドの打点 ························· 20
ボールの回転の種類を知る ···················· 22
ボールへの正しい入り方 ····················· 24
3つの基本ステップを覚える ··················· 26
フォアハンドの動きの名称を覚える ··············· 28
フォアハンドは「つ」の字を描いて打つ ············· 30
ライジングショットのお手本 ··················· 32
ヒザ付近の高さで打つショットのお手本 ············· 34
腰付近の高さで打つショットのお手本 ·············· 36
肩付近の高さで打つショットのお手本 ·············· 38
コーンを使った遊びでストロークに慣れよう ·········· 40
回り込みフォアハンドの練習法 ················· 42
バックハンドの動きの名称を覚える ··············· 44
バックハンドの打点 ························· 46
バックハンドを打つための注意点 ················ 48

5

腰付近で打つバックハンドのお手本 ……50

韓国式バックハンドの打ち方 ……52

ラケットでバランスボールを転がす ……54

バックハンドの最適な打点を身につける ……56

高い軌道を描くロビングの打ち方 ……58

低い軌道でスピードのある中ロブの打ち方 ……60

相手を前に引きずり出すツイストの打ち方 ……62

誰でもできるツイストの段階別練習法 ……64

COLUMN 2 ソフトテニスの魅力とは？ ……66

PART 3 ボレーの基礎

前衛が構えるときの注意点 ……68

前衛が試合の最初に構える位置 ……70

フォアボレーの打ち方の基本 ……72

正面ボレーとフォアボレーのお手本 ……74

フォアのハイボレーの打ち方 ……76

フォアのローボレー（フラット）の打ち方 ……78

フォアのローボレー（ドライブ）の打ち方 ……80

バックボレーを打つうえでの注意点 ……82

バックのハイボレーの打ち方 ……84

バックのローボレー（フラット）の打ち方 ……86

バックのローボレー（ドライブ）の打ち方 ……88

フォアのストップボレーの打ち方 ……90

バックのストップボレーの打ち方 ……92

3つの遊びでボレーに慣れる ……94

COLUMN 3 「引っ張り」と「流し」って何？ ……96

PART 4 サービスの基礎

オーバーハンドサービスの打ち方①	98
オーバーハンドサービスの打ち方②	100
オーバーハンドサービスのお手本①　フラットサービス	102
オーバーハンドサービスのお手本②　スライスサービス	104
オーバーハンドサービスのお手本③　リバースサービス	106
アンダーカットサービスの打ち方	108
アンダーカットサービスのお手本	110
ショルダーカットサービスのお手本	112
サービスの3つの練習法	114
COLUMN 4　コートの種類を知っておこう！	116

PART 5 スマッシュの基礎

スマッシュの種類と特徴	118
スマッシュに必要な2つのフットワーク	120
ロビングが深くないときに打つスマッシュ	122
後方から打つジャンピングスマッシュ	124
初心者向けスマッシュ練習法	126
COLUMN 5　試合に勝つために最適なシューズを選ぼう!	128

PART6 ダブルスの基礎

3つの陣形の特徴と狙い	130
試合中の前衛のポジションを知る方法	132
前衛のポジショニングを身につける	134
前衛のための3つのパターン練習	136
オーソドックスな攻撃パターン①	138
セカンドレシーブからのポーチボレー	
オーソドックスな攻撃パターン②	140

ストレート展開のポーチボレー
オーソドックスな攻撃パターン③ ································· 142
逆クロス展開のポーチボレー
オーソドックスな攻撃パターン④ ································· 144
ダブル後衛からの攻撃①
オーソドックスな攻撃パターン⑤ ································· 146
ダブル後衛からの攻撃②
オーソドックスな攻撃パターン⑥ ································· 148
ダブルフォワードに挑戦する①
～サービスサイド～
オーソドックスな攻撃パターン⑦ ································· 150
ダブルフォワードに挑戦する②
～レシーブサイド～

用語解説 ··· 152
あとがき ··· 159

協力／ヨネックス新潟、渡邊惺矢、鈴木櫂正
構成／澄田公哉
写真・動画／井出秀人
デザイン／paare'n

PART 1 ソフトテニスを始める前に 知っておきたいこと

技術を身につける前に、ラケットの握り方や構える姿勢を知っておこう。この部分を身体で覚えて初めて技術が生きてくる。

PART 1　ソフトテニスを始める前に知っておきたいこと
ラケットの種類と特徴

　ソフトテニスのラケットは、後衛用、前衛用、後衛も前衛もこなせるオールラウンダーの3種類に分かれます。
　後衛用はラケットヘッドを重くしています。遠心力が働いてストロークのスイングが速くなるからです。また、シャフトは振り抜きやすいように細くしています。一方、前

後衛用のラケット

※ヨネックスでは「S」の表示

前衛用のラケット

※ヨネックスでは「V」の表示

中学校のソフトテニス部に入って、頭を悩ますのがラケット選びです。ここでは、ラケットの種類と特徴を説明します。これらのことを知っておけば、ラケット選びは迷わないでしょう。

衛用のラケットは操作しやすいようにラケットヘッドが軽めです。シャフトは安定させるために広くて厚いです。

そして、オールラウンダーは上記2種類の中間で、ストロークもボレーも安定して使えます。

オールラウンダー用のラケット

ポジションが決まっていない新入生用ラケット

※ヨネックスでは「VS」の表示

後衛か前衛か決まっていない新入生は、最初はストリングが張ってあるラケットをお勧めします。値段もそれほど高くありません。そのラケットでソフトテニスに慣れていき、自分のポジションが決まった後に後衛用か前衛用のラケットを購入すればいいでしょう

PART 1 ソフトテニスを始める前に知っておきたいこと
グリップの種類と特徴

ウエスタングリップ

【握り方】
　ラケットを地面に置き、ラケット面の上に手を置き、そのまま下ろしてグリップを握れば完成。ショット全般に使われる。

ソフトテニスの標準グリップ

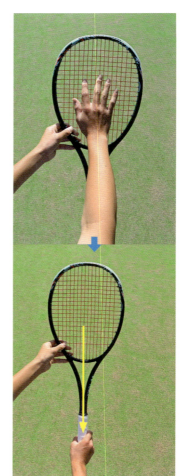

ラケットを選んだら、次は握り方を覚えましょう。ソフトテニスの基本はウエスタングリップですが、ショットによってはセミイースタンやイースタンに握り替える必要があります。

セミイースタングリップ

【握り方】
　ラケット面に手のひらを合わせ、そのまま下に下ろしてグリップを握れば完成。ウエスタンに慣れてきたら、このグリップにトライしよう。リスト（手首）が使いやすいので、サービスやスマッシュを打つと威力が増す。

ウエスタンとイースタンの中間のグリップ

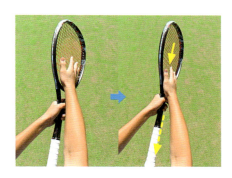

イースタングリップ

【握り方】
　ラケットのフレームを指でつかみ、そのまま下に下ろしてグリップを握れば完成。ボールに強烈な回転をかけるアンダーカットサービスやスライスを打つのに適している。また、遠いボールのフォローにも使う。

アンダーカットサービスやスライスを打つときに適したグリップ

PART 1　ソフトテニスを始める前に知っておきたいこと
ボールを待つ体勢の基本

左手でラケットを支える

　パワーポジションとは、最も安定して力が入る姿勢のことです。足の裏で地面をグッと踏ん張り、身体が一直線で股関節が曲がっている状態を指します。この体勢なら、どんなボールが飛んで来ても素早く反応できます。ぜひ身体で覚えましょう。

正面

横

ボールを待っているときは左手でラケットを支える。フォアハンドを重視するあまり右手だけでラケットを持つと、バック側に来たときにラケット操作が大きくなって対応できない

14

ボールを待つときの理想的な体勢を「パワーポジション」と言います。ここでは、パワーポジションを作るうえで気をつけるべきポイントを説明しましょう。

つま先重心でかかとが少し浮く

構えるときはつま先に重心を置き、かかとが少し浮く程度が理想（写真左）。こうすれば、素早く動くことができる。また、スタンスは肩幅より少し広めにとるといい（写真右）

お腹とヒジの間にこぶし1個分空ける

構えるときにお腹とヒジの間を空けることでラケット操作がしやすくなる。目安はこぶし1個分（写真左）。また、上半身は背筋を伸ばす。特に前衛は相手ボールが怖いと思うと縮こまってしまうので注意

お腹とヒジの間はこぶし1個分空ける

背筋を伸ばして構える

動画でチェック！

COLUMN 1

最初にラケットとボールに慣れよう

　本格的な練習の前に、自分のラケットを簡単に操作でき、ボールにも慣れることが大切です。

　そのためにお勧めしたいのがラケット面を地面と平行にして、ボールを突いたり、上に上げるウォーミングアップ。

　最初はグリップを短く握ったほうがやりやすいと思います。慣れてきたら通常の長い握りにしてやってみましょう。

　他にも、友だち同士でボールをワンバウンドさせてラリーしても面白いと思います。

ラケットでボールを地面に突いたり、上に上げるウォーミングアップでラケット操作に慣れる

最初はグリップを短く握ったほうがやりやすい

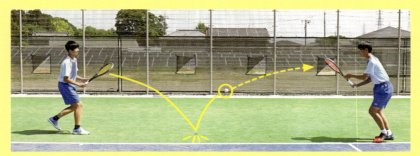

2人で向かい合い、ボールをワンバウンドさせるラリー。遊びながらラケット操作を学ぶことができる

PART 2 ストロークの基礎

ここでは、フォアハンドストロークとバックハンドストロークの打ち方の他に、飛んで来るボールへの入り方や覚えてほしいステップを紹介する。

PART 2 ストロークの基礎
フォアとバックのスタンス

スクエアスタンス

　相手ボールの軌道に沿って真っすぐに左足を入れる。スイングすれば、クロス方向に飛ばすことができる(右下図参照)。

両足がスクエア
(平行)になるス
タンス

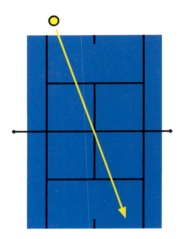

スクエアスタンスを決めた後のスイング

スクエアスタンスでクロス方向に打っている様子

打つときの両足の位置もしくは構えのことをスタンスと言います。フォアで最も使うスクエアスタンスを始め、全部で4つあります。一方、バックはクローズドスタンスが最も使われます。

セミオープンスタンス

右足を決めた後に左足を斜め前（自分から見て）に出すスタンス

オープンスタンス

左足を外に大きく開くスタンス。遠い相手ボールに対してディフェンス気味に返すときに使う。シングルスでよく使われる

クローズドスタンス

右足を決めた後に左足を深く踏み込むスタンス。身体が回転しづらいので、最近では使われなくなっている

クローズドスタンス（バックハンド）

左足を決めた後に右足を深く踏み込むスタンス。フォアのクローズドスタンスと違って、右肩がしっかり入って回転しやすく最も使われる

PART 2 ストロークの基礎
フォアハンドの打点

　理想の打点は最も力が入る場所であり、それは腰付近の高さを示す「サイド」と言われているところです。ソフトテニスを習い始めのときは、このサイドで打てることを目標にしましょう。

飛んで来るボールとラケット面が接する瞬間を打点と言います。ここでは、打点の位置がわかりやすいようにボールの軌道上にフォアハンドの4つの打点を記しています。打点にはそれぞれ名前がついています。

この打点以外にも、上級者が意識している打点があります。それが、ボールの軌道の頂点の手前で打つ「ライジング」や頂点を過ぎて肩付近の高さで打つ「トップ」、腰からヒザまでの低い高さで打つ「アンダー」です。

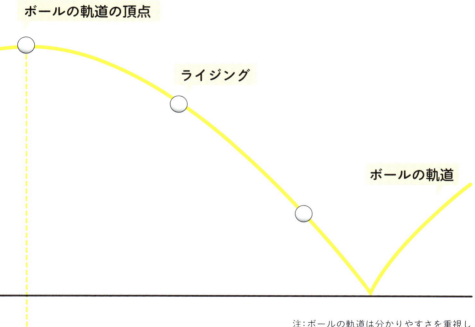

注：ボールの軌道は分かりやすさを重視して描いている。実際の軌道とは異なる

PART 2　ストロークの基礎
ボールの回転の種類を知る

ボールは、回転をかけ過ぎると写真のように平べったくなります。その分、バウンドした後にどこに弾むのか、あるいは弾まないかを予測するのは難しいのですが、それは同時に、ソフトテニスの面白さでもあるのです。

アンダーカットサービスを打った直後のボール。横に変形しているのがわかる

ドライブ

　順回転のかかったボールのこと。試合では、このドライブをかけたボールを打つのが基本です。順回転がかかっているのでネットを越えやすく、相手コート内におさまりやすいです。注意してほしいことは、手首だけでドライブをかけないこと。ボールは"吹いて"アウトする怖れがあります。

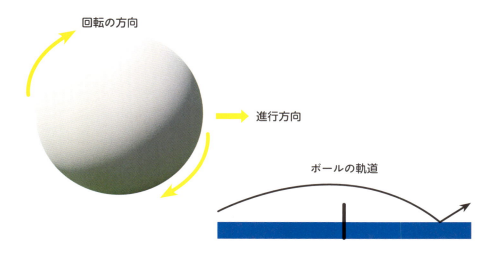

22

ソフトテニスで使うボールは、柔らかいゴムでできています。そのため、ラケットの振り方によって、ボールに回転がかかったり、回転がほとんどかからなかったりします。ここでは、ボールにどんな回転がかかるかを名称と一緒に覚えましょう。

フラット

ほとんど回転のかかっていないボールのこと。試合ではドライブとともに使われます。回転がない分、スピードボールになります、ドライブより攻撃的なショットと言えます。

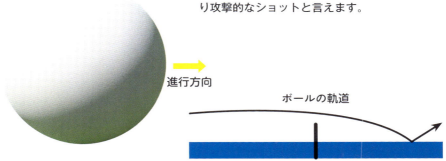

スライス

逆回転のかかったボールのこと。試合では遠いボールのフォローなどのディフェンスで使われる一方、カットサービスやカットストローク、短いツイストに見られるように攻撃的なショットとしても使われています。

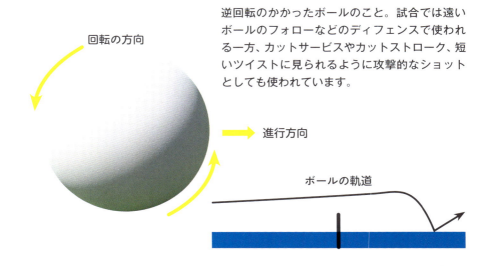

PART 2 ストロークの基礎

ボールへの正しい入り方

下がったときにボールの落下地点を見極める

ボールが飛んで来たら、そこに一直線に向かうのではなく、いったん1〜2歩下がってください。そのときにボールの落下地点を見極め、前に動き、ボールの後ろに入っていくのです。こうすれば、正確かつ楽に自分の最適な打点で打つことができます。

正面から見たボールへの入り方

GOOD

構えているところ

いったん1〜2歩下がってボールの落下地点を見極める

自分の最適な打点でヒット

前進する

打点やボールの回転がわかったら、飛んで来るボールへの正しい入り方を知りましょう。構えたところから、いったん下がって前に入る動きがポイント。これができるようになると、身体の前でボールをとらえることができます。ぜひ身につけましょう。

横から見たボールへの入り方

ボールへの正しい入り方のポイントは、構えからすぐにボールに向かわないこと。いったん下がってから前に入っていく

ボールに一直線に向かう

飛んで来たボールに対して、一直線に向かってはいけません。ボールとの距離がつかめず、詰まった当たりや打点が遠くなり過ぎてしまいます。

PART 2 ストロークの基礎

3つの基本ステップを覚える

スプリットステップ

　まったく動かない構えから動き始めるときに使うステップです。両足を軽くジャンプして、次の動きにつなげます。上に上がるというより身体が沈み込むイメージです。

GOOD ○

構え

軽くジャンプ

NG ×

高くジャンプしてはいけない。素早く次の動きに移れないからだ

着地

構えからボールを打つまでに、「いったん下がって前に入る動き」が大切だと説明しました。他にも、動くのに必要なステップが3つあります。

サイドステップ

　左足が右足を追い越さない（写真）、あるいは右足が左足を追い越さないステップで、短い距離に使うことが多いです。

クロスオーバーステップ

　左足が右足の前を追い越す（写真）、あるいは右足が左足の前を追い越すステップで、遠い距離に使うことが多いです。

PART 2 ストロークの基礎
フォアハンドの動きの名称を覚える

フォアハンドドライブのスイング

テークバック 身体をひねってラケットを後ろに引くこと

ラケットダウン ラケットをテークバックの高さから下げること

フォワードスイング ラケットダウンの低い位置からインパクトまでのスイング

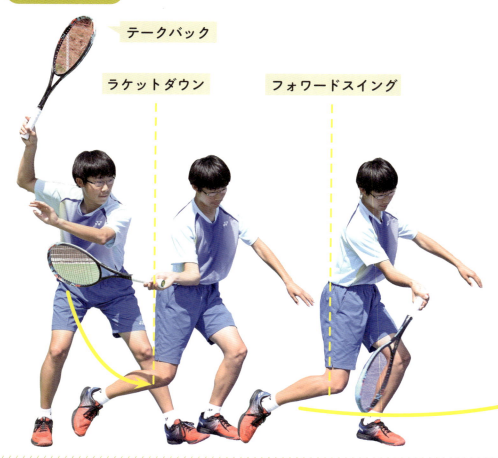

ストロークには、それぞれの動きに名称がつけられています。これらの名称を覚えておきましょう。自分の技術をレベルアップさせるときに役立ちます。下に名称とその意味をまとめたので参考にしてください。

動画でチェック！

インパクト　ラケットとボールが当たる瞬間

フォロースルー　ボールを打った後から振り終わりまでのスイング

フィニッシュ　完全に振り終わったときの形

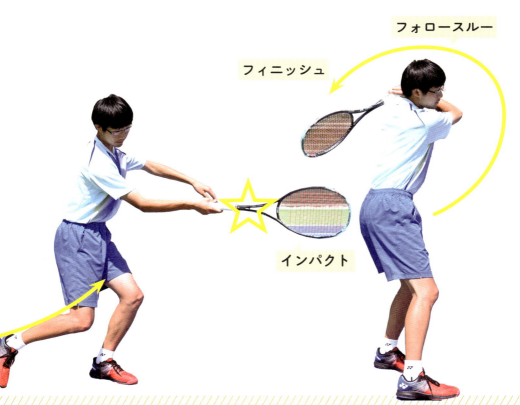

PART 2　ストロークの基礎
フォアハンドは「つ」の字を描いて打つ

両手を使ってテークバック

　テークバックでは、左手でラケットを軽く持って両手でラケットを引いてください。上体がひねられるので、身体の回転を使えます。一方、右手だけでラケットを後ろに引くと、ほとんどの場合、上体がひねられないことが多いです。

初心者がドライブフォアハンドストロークを打つときに注意するべきことは2つだけ。テークバックとスイングです。これさえうまくいけば、順回転のかかったドライブボールを打てます。

「つ」の字を描いて打つ

　初心者はテークバックから「つ」の字を描くようにスイングすることを意識しましょう。そうすれば、自然とボールにドライブをかけることができます。

「つ」の字を描くことを意識しただけで、前ページで紹介したストロークのそれぞれの動き（テークバック、ラケットダウン、フォワードスイング、インパクト、フォロースルー、フィニッシュ）を正しく行っていることがわかります。

PART 2　ストロークの基礎
ライジングショットのお手本

フォアハンド（〜P39まで）

このショットは相手のセカンドサービスをレシーブするときによく使われます。打つタイミングを合わせるのが難しいので、注意点として素早く構えることと、飛んで来るボー

少し下がった位置からボールの落下地点を予想し、徐々に前進しているところに注意

インパクトまでしっかりボールを見ている。打つ前に打ちたいコースを見ないように注意

ここからフォアハンドの打点に出てきた4つの打点の打ち方を紹介します。最初はボールが軌道の頂点に到達する前にとらえるライジングショットです。初心者には難しいですが、今後の上達のためにぜひ知ってほしいと思います。

ルに対して前に入っていくことです。
　このように動けば、ボールの軌道が頂点に行く前にとらえることができます。

PART 2　ストロークの基礎
ヒザ付近の高さで打つショットのお手本

2つ目の打点はアンダーと呼ばれるヒザ付近の高さです。低めのボールを打つことになるので、姿勢を落とし、目線を低くしてボールを見ましょう。また、手首の力を抜いてインパクトではラケット面を縦にしてボールに当てます。

動画でチェック！

腰を落として目線を低くする

低い打点を打つには、両ヒザを曲げて腰を落とすことに注意してください。右ヒザをコートに近づけることを意識しましょう。
こうすることで、目線も低くなって、ボールと相手を見ることができます。

縦面で低いボールをとらえる

ラケット面には縦面（ラケット面を縦に使う）と横面（ラケット面を横に使う）という言い方があります。低いボールを打つときは、ラケット面が縦面になります。

10　11　12

35

PART 2 ストロークの基礎
腰付近の高さで打つショットのお手本

3つ目の打点はサイドと呼ばれる腰付近の高さです。この打点が最も力の入るところであり、ソフトテニスを始めて間もない皆さんはこの高さのボールを打てることを最初の目標にしましょう。手出しのボールを打つことから始めてください。

動画でチェック！

インパクト時のラケットの角度に注意

インパクト時のラケットの角度に注意しましょう。少しだけラケットヘッドを下げてください（写真〇）。ボールに回転をかけやすくなります。逆にラケットヘッドを上げると（写真×）ミスにつながります。

 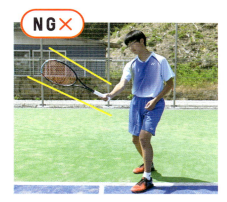

インパクト時の正しいラケットの角度（写真左）とミスを犯しやすいラケットの角度（写真右）

PART 2 ストロークの基礎
肩付近の高さで打つショットのお手本

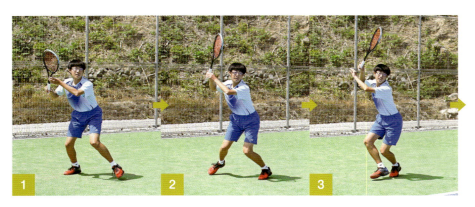

4つ目の打点はトップと呼ばれる肩付近の高さです。短く浮いたチャンスボールが来たときに、高いところから打ち込みます。エースが取れる攻撃的なショットの打点と言えます。

ラケットを高く構える

テークバックではラケットを高く構えます。低く構えてしまうと上に振り過ぎて、高いところから打ち込めません。

少しドライブをかける

ボールの真後ろにラケット面を当てて押し出すと、ボールをネットにかける怖れがあります。インパクト前にラケットヘッドを少し落とした後、ラケットを立てるように振るとドライブがかかり、ネットを越えて相手コート内におさまります。

PART 2　ストロークの基礎
コーンを使った遊びでストロークに慣れよう

ワンバウンドのボールをキャッチ（フォア側）

　2人1組になり、ワンバウンドのボールをキャッチする遊びです。1人は手出し役、もう1人はコーンを逆さに持って構えます。次に、手出し役がロビング気味のやさしいボールを投げ、コーンを持った人はボールを追いかけてワンバウンドでコーンの穴に入れてください。これを繰り返します。

手出し役（写真右）は下手投げでロビング気味のボールを投げる

コーンを持った人はボールを追いかけ

Point　こっちに来そうだ

うまくキャッチするためにボールの軌道を予測しよう

コーンの穴にボールを入れてキャッチする

ストロークはワンバウンドしたボールを打つショットです。そこで、ワンバウンドで打つことに慣れるための遊びを紹介しましょう。右ページの下にあるのは、ボレーに慣れるためのノーバウンド編です。

ワンバウンドのボールをキャッチ（バック側）

フォア側のキャッチに慣れたら、今度はバック側のキャッチにトライしてみましょう。やり方は同じです。

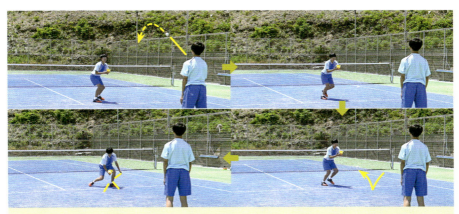

コーンを持った人は（自分から見て）左側に動いてボールをワンバウンドでキャッチする

ノーバウンドのボールをキャッチ

これまでワンバウンドのボールをキャッチしましたが、この遊びではノーバウンドでボールをキャッチします。ボレーに慣れるための練習です。手投げ役は、やさしいボールを投げてください。

手投げ役はベースライン付近に立ち、コーンを持った人はサービスライン付近に構える

コーンを持った人は左右に動き

ボールをノーバウンドでコーンの穴に入れる

PART 2　ストロークの基礎
回り込みフォアハンドの練習法

STEP 1　自分から近いところに飛んで来たボールを打つ

　最初の練習は、回り込みの動きを身につけるのが目的です。まず、手出し役が練習する人の近くにボールを送ります。練習する人は、そのボールに対して丸く回り込んでフォアハンドをクロスに打ちます。

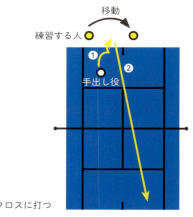

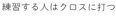

練習する人はクロスに打つ

フォアハンドの中でも、試合中に威力を発揮するのが相手ボールに対して回り込んで打つフォアハンドストロークです。初心者の皆さんも、このショットを段階別練習法で身につけましょう。

STEP 2 自分から遠いところに飛んで来たボールを打つ

近い距離のボールに慣れてきたら、手出し役は徐々にボールを遠くに投げていきます。練習する人が丸みを帯びた動きで回り込むには、いったんボールから遠ざかる動きをしてみましょう。回り込みの動きを身につけるのが目的なので、練習する人は前方に打って構いません。

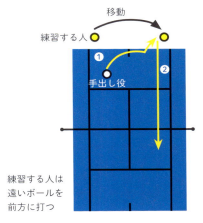

STEP 3 バックを打つと見せかけてから

練習する人は回り込む前にバックの構えでボールを追いかけます。相手にバックが来ると思わせつつ、最後は強力なフォアハンドで逆クロスに打ってエースを狙う、というわけです。

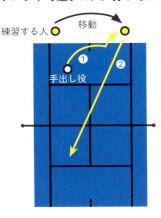

回り込む前までバックの構えをして相手にバックが来ると思わせる。この段階で初めてフォアは逆クロスを狙う

43

PART 2 ストロークの基礎
バックハンドの動きの名称を覚える

バックハンドドライブのスイング

インパクト ラケットとボールが当たる瞬間

フォロースルー ボールを打った後から振り終わりまでのスイング

フィニッシュ 完全に振り終わったときの形

P28-29でフォアハンドの動きの名称を紹介しました。ここでは、バックハンドの動きの名称を紹介します。フォアハンドの動きとは異なっていますが、名称は変わりません。

テークバック　身体をひねってラケットを後ろに引くこと

ラケットダウン　ラケットをテークバックの高さから下げること

フォワードスイング　ラケットダウンの低い位置からインパクトまでのスイング

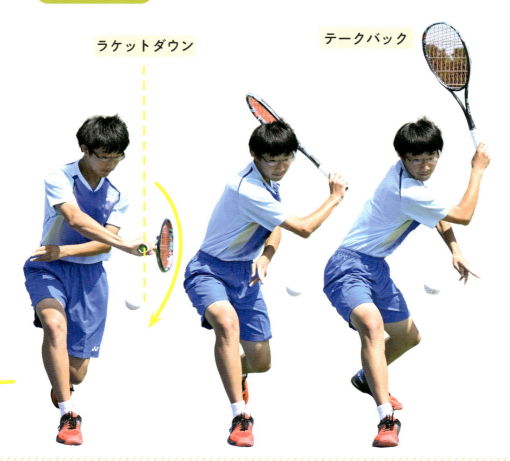

ラケットダウン　　　テークバック

PART 2 ストロークの基礎
バックハンドの打点

バックはヒザ付近の低いところで打たない

　バックハンドがフォアハンドと異なるのは、アンダーというヒザ付近の低いところでほとんど打たないことです。というのも、この付近までボールを落としてしまうとネットにかけてしまう確率が高くなるからです。また、ここまで低いと攻撃的なショットを打つのはほぼ不可能です。

注：ボールの軌道は分かりやすさを重視して描いている。実際の軌道とは異なる点に注意

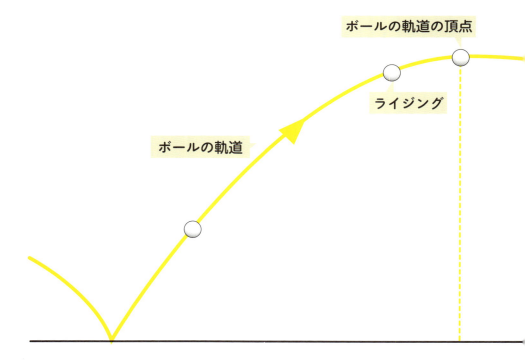

フォアハンドと同様にバックハンドにも目安となる打点があります。下のイラストはボールの軌道上に打点の位置を示しています。初心者は、最も力が入りやすい腰付近の打点であるサイドで打てるように練習しましょう。

ライジング　ボールの軌道の頂点の手前の打点。上級者向き

トップ　肩付近の高さの打点。上級者向き

サイド　腰付近の高さの打点。最も力が入る。初心者が最初に目指す打点

PART 2 ストロークの基礎
バックハンドを打つための注意点

POINT 1 左手もラケットに添えて後ろに引く

　構えからラケットを後ろに引くテークバックで注意してほしいのは、左手の使い方です。左手もラケットに添えて一緒に動いていきます。こうすることで、身体が自然にひねられていきますし、ラケットが立った状態を作ることができます。
　また、このテークバックでは脇を開けません。脇を開けてしまうと、その後のスイングが安定せずドライブが打てないからです。

POINT 2 アゴを肩の上に乗せて身体をひねる

　ラケットを後ろに引いただけでは身体はひねられません。うまくいかない方は、アゴを右肩の上に乗せることを意識してみてください。自然と身体がひねられます。

初心者がドライブバックハンドを打てるために、ここでは４つの点に絞って注意点を解説しています。バックハンドはいったん動きを覚えると、フォアハンドより簡単だと言われています。これを機会に、ぜひ身につけましょう。

POINT 3 フォワードスイング途中でボールが当たるラケット面を下に向ける

フォワードスイングの途中で、ボールが当たるラケット面を下に向けましょう。

こうすれば、インパクトでボールの後ろをしっかりラケット面で当てることができます。

太い線の部分でラケット面を下に向ける

ヒジが伸びたところでボールをとらえる

インパクトはヒジがピンと伸びたところ、あるいは右足の前になります。この位置なら、スイングスピードが最大限のところでボールをとらえることができます。その結果、威力のあるボールを打てます。

PART 2 ストロークの基礎
腰付近で打つバックハンドのお手本

　バックハンドに限りませんが、力強いショットを打つときはグリップを強く握らないことです。そうすれば、しなりのあるスイングが生まれます。また、打点については、フォ

> ボールを打った後、ラケットは下から上に振っているので右肩の上まで来る。もし右肩の上まで来ていないときはスイングをチェックしてみよう

腰付近に飛んで来たボール（サイド）を打っているところです。前ページで紹介した注意点に気をつけつつ、下から上にラケットを振っていきましょう。また、力を抜くことも忘れずに。スイングスピードが上がります。

アハンドよりもバックハンドのほうがピンポイントになるので、インパクト時の集中が求められます。

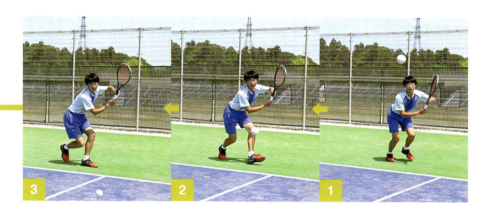

PART 2　ストロークの基礎
韓国式バックハンドの打ち方

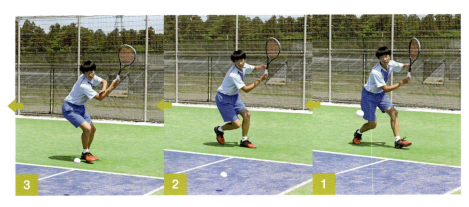

ここでは、韓国式バックハンドを紹介しましょう。この打ち方の最大の特徴は左手を右の前腕に当て、インパクト後に離す動きです。両手を使うので威力があり、特に高いボールを強打できるので、多くの女性プレーヤーが取り入れています。

動画でチェック！

左手は右の前腕に当てるのが正解

このショットでよく間違えるのが左手の位置。右の前腕に当てるのが正解ですが、間違って上腕に置いて打っているプレーヤーが多いので注意してください。正しく当てれば、ボールの回転量が少ない攻撃的なスピードボールを打つことができます。

GOOD ○

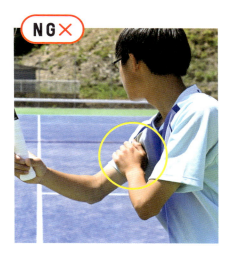
NG ×

53

PART 2 ストロークの基礎

ラケットでバランスボールを転がす

2人でラリーして遊ぶ

①2人が数メートルの距離を保って向かい合う。
②1人がバランスボールの側面にラケット面を当てて、下から上に振る。ボールはドライブがかかって前方に転がる。
③もう1人が転がって来るバランスボールを手でキャッチし、今度は自分が同じことを行う。これを繰り返す。

※最初は2人ともフォアハンドでバランスボールを転がす、慣れてきたら1人がフォアハンド、もう1人がバックハンドで転がし合ったり、2人ともバックハンドで転がし合う

初心者が遊びながらドライブショットを覚えられるのが、バランスボールを転がす遊びです。下から上に振るドライブのかけ方を体感できるので、ぜひ友人とやってみてください。

フォアハンドでボールを転がす

ボールにラケット面を当てた状態から（写真左）、思い切りラケットを斜め上に振り抜く（写真右）

バックハンドでボールを転がす

フォアハンド同様にバックハンドもボールにラケット面を当てた状態から（写真右）斜め上に振り抜く（写真左）

PART 2　ストロークの基礎
バックハンドの最適な打点を身につける

バックハンドドライブのセルフプラクティス

①ボールを下手投げで上げる

②テークバックする

②ボールをワンバウンドさせる

打点の話で、腰付近の高さが最も力が入る場所だと解説しました。初心者は、この高さで打つことを身体で覚えましょう。学校の練習だと球出し役が必要ですが、下の練習なら、1人でも十分に打点を身につけ、身体の動かし方も覚えられます。

1人練習の注意点

1人で行う練習では、次の点に注意してください。
・ボールを自分の近くにワンバウンドさせる。
・最後までボールを見る。
・腰の高さで必ず打つ。
・打球後は身体を正面に向ける。胸を張るイメージ。

③常にボールを見続ける
④腰の高さで打つ
⑤身体を正面に向ける

PART 2　ストロークの基礎
高い軌道を描くロビングの打ち方

ロビングは逃げのショットとしてあまりいい印象を持たれていません。しかし、このショットがうまければ、相手ペアの陣形を崩すことができますし、中学校のレベルでは、ロビングがうまい人が試合に勝てる可能性は高いかもしれません。

高い軌道で相手前衛の後方深くに落とす

　ロビングは正面にいる相手前衛の頭上を抜くことも大事ですが、それよりも相手前衛の後方深く落とすことを考えてください。

　深く高い軌道を描くロビングを打つには、時計盤で例えると5時から11時に向かってラケットを振り抜くことです。また、打つ前にラケットをボールの下に入れ、両ヒザの曲げ伸ばしを使ってボールを上げることも意識しましょう。

PART 2　ストロークの基礎
低い軌道でスピードのある中ロブの打ち方

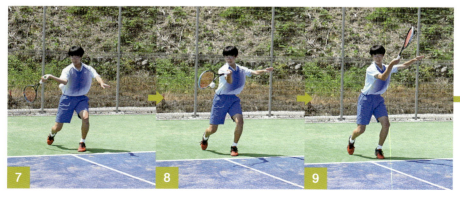

中ロブはロビングより軌道が低くてスピードがある攻撃的なショット。打つ前にシュートボールを打つとみせかけたり、ライジング気味にとらえることから上級者のショットと言えますが、自分のレベルアップを見据えて今から知っておきましょう。

動画でチェック！

3種類のショットの軌道

ロビングと中ロブ、そして、シュートボールの違いを軌道で見てみましょう。下は3つのショットの軌道を示しています。一番上がロビング、一番下がシュートボールです。中ロブはその中間になります。

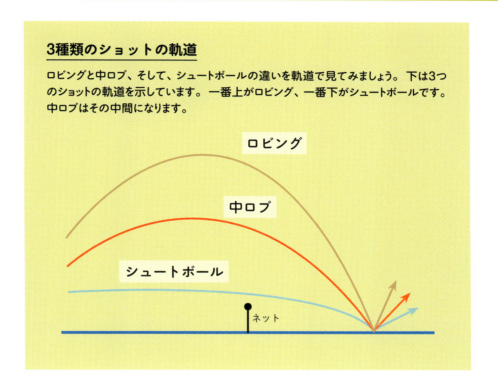

PART 2 ストロークの基礎

相手を前に引きずり出すツイストの打ち方

ネット近くにポトリと落とすツイストは、身につけておくと強力な武器になります。特に相手がダブル後衛の時、ツイストを使えば相手の1人を前に引きずり出すことができますし、相手のセカンドサービスのときにも使えます。

テークバックでラケットを高くセット

1つ目の技術的なポイントはテークバック。ラケットを高くセットします。スイングとも関係しますし、相手にシュートボールを打たせると見せかけられます。

「ノ」の字を描くようにスイング

高くセットしたラケットを、自分から見て「ノ」の字を描くように上から下に柔らかくスイングします。
こうすることで、ボールにスライスがかかり、ネット近くに落ちていきます。

PART 2 ストロークの基礎

誰でもできるツイストの段階別練習法

STEP 1 球出し役にボールを優しく返す

1人は球出し役、もう1人は練習する人としてネットを挟んで向かい合います。ネットがなくても、距離を置いて向かい合ってもOK。練習する人はラケットを高くセットして待機します。

球出し役の人は下手投げでボールを投げます。練習する人はボールを見て、打つときはラケットで「ノ」の字を描くようにスイングします。

STEP 2 ネット近くに置いたカゴに落とす

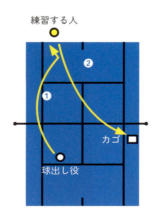

ネット近くにカゴを置く（右図参照）。球出し役はラケット出しでボールを出します。練習する人はラケットを高くセットして待機します。

ここでは、ツイストを身につけるための段階別練習法を紹介します。最初は手出しのボールをやさしくラケットでキャッチします。それに慣れてきたら、ネット近くにカゴを置いて、そこに向かってボールを打ちます。

練習する人は球出し役にボールを優しく返します。この繰り返しで、ツイストを打つ力の加減がわかるようになります。

グリップはセミイースタンが最適

ソフトテニスのグリップはウエスタングリップが基本ですが（写真左）、このショットはセミイースタンが最適です（写真右）。このグリップのほうがスライスをかけやすいのです。

練習する人はボールが来たらカゴを狙ってツイストを打ちます。

ボールがカゴの中に入れば成功です。練習する人が多ければ球数を決めて交代して行います（例／1人3〜5球交代）。

COLUMN 2

ソフトテニスの魅力とは？

　ソフトテニスの魅力は何でしょうか。

　これからソフトテニスをする皆さんにお伝えしたいことは2つです。

　1つはストロークのラリーが続きやすいことです。ラケットがそれほど重くなく、ボールも柔らかいので初心者でもストロークのラリーを続けることは難しくありません。その点は硬式テニスと大きな違いでしょう。

　また、レベルが上がってくれば変化球を攻略する面白さが加わってきます。アンダーカットサービス（第4章で詳述）に見られるように、ボールを切る角度によってバウンド後の変化が異なります。それを予測するのも、ソフトテニスの楽しさです。

　皆さんには、早い段階で試合形式を経験することをお勧めします。ソフトテニスにおける相手との駆け引きの面白さを実感できるからです。

"回転球技"とも呼ばれるソフトテニスではボールの変化を読むのが試合の面白さのひとつ

ストロークのラリーが続きやすいのもソフトテニスの楽しさだ

PART **3** ボレーの基礎

ノーバウンドの比較的速いボール
を打つことをボレーと言う。こ
こでは基本のフォアボレーとバッ
クボレーの他に、高いところで打
つハイボレーと低いところで打
つローボレー等の技術解説を行う。

PART 3 ボレーの基礎

前衛が構えるときの注意点

正面から見た構え

全身
身体はリラックスさせておく

重心
重心は身体の真ん中ではなく右か左に置く。そのほうがボールに素早く反応できる

構え
ラケットはバック寄りに構え、左手でラケットを支える

両足
両足の幅は肩幅くらい

相手から飛んで来るボールは速く、相手との距離も短い前衛にとって、最初の構えはとても大切です。なぜなら、正しく構えることができていれば、素早く動いて相手ボールをとらえることができるからです。恐怖心も消えていくでしょう。

横から見た構え

上体
上体は少し前かがみだが、低くなる必要はない

カカト
カカトはほんの少し上がっていて前に重心が来ているのが理想

ボールの位置によって身体の向きを変える

前衛は相手の速いボールに素早く反応しなければなりません。

そこで、大切になってくるのが身体の向き。相手にボールが行っているときは、相手に身体を向けますが（コート図左）、味方後衛にボールが来ているときは身体を相手の前衛に向けて構えてください（コート図右）。

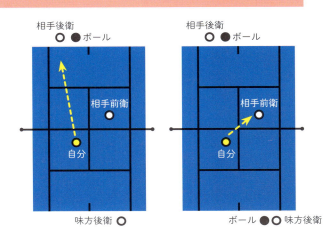

PART 3　ボレーの基礎
前衛が試合の最初に構える位置

サービスゲームの正クロス時に前衛が構える位置

パートナーがサーバーになったとき、前衛は反対サイドのネット近く・レシーバーとセンターマークの中間に構える（第6章で詳しく解説）

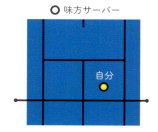

サービスゲームの逆クロス時に前衛が構える位置

このときもサーバーの反対サイドのネット近く・レシーバーとセンターマークの中間に構える

ネットと前衛の距離

　前衛がネット近くで構えるときは、ネットとの距離を意識しましょう。ラケットを伸ばしてネットに触れない位置がベストポジションになります。

ここでは、サービスゲームとレシーブゲームの最初に前衛が構える位置を紹介します。また、ネットからどのくらい離れて構えるのかも説明します。

レシーブゲームの正クロス時の構える位置

パートナーのレシーバーの反対サイドのサービスライン内に構える。このとき、相手前衛に身体を向ける

レシーブゲームの逆クロス時の構える位置

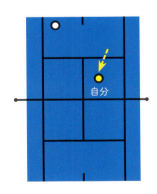

パートナーの反対サイドのベースライン内に構えてレシーブする(ファーストサービス)。セカンドサービスをレシーブするときは前進してサービスライン付近に構える。レシーブ後は上の写真のように前進する

71

PART 3　ボレーの基礎
フォアボレーの打ち方の基本

最初はウエスタングリップを短めに握る

相手の速いボールを打つボレーではグリップチェンジはできません。ストロークと同じ握りのウエスタングリップが基本になります。

ただし、ボールを押さえるために最初は短めに握るといいでしょう。

ラケット面の上に手を置いて、そのまま下ろしたらウエスタングリップになる。最初はグリップの少し上部を握るといい

左手をラケットに添えてテークバック

右手だけでテークバックすると、後ろに行き過ぎるかラケット面が動いてしまいます。そこで、最初の構えで左手をラケットに添えてからテークバックしましょう。後ろに行き過ぎないし、ラケット面も安定します。

最初の構えの段階で左手をラケットに添える(写真〇)。この体勢でテークバックしよう。最初から左手を使わないとショットをうまく打てない(写真×)

ボレーは身体の正面、身体の前方でノーバウンドのボールを打つのが基本です。ここでは、しっかり打てるための技術的なポイントを解説します。

テークバックで右ヒジが後ろにいかない

テークバックでは、右ヒジが後ろに行かないようにします。右ヒジが後ろに行ってしまうとボールに素早く反応できず、打ち遅れる怖れがあるからです。

どうしても右ヒジが後ろに行く場合、左手を右ヒジに当ててください（写真）。こうすれば、必要以上に右ヒジは後ろに行かなくなります。

打点は身体の前

ボレーの打点は必ず身体の前になります。身体の横や後ろでボールを取ってしまうと、打ち遅れが生じ、また、ボールコントロールが難しくなります。

PART 3　ボレーの基礎
正面ボレーとフォアボレーのお手本

コンパクトなテークバック

　正面ボレーもフォアボレーも、テークバックで右ヒジが後ろにいっていません。速いボールに対処するには、このようにコンパクトなテークバックが必須なのです。このように

身体の前でボールをとらえる

　どちらのボレーも身体の前でボールをとらえていることが分かります。特に初心者は手出しの練習で最適な打点を覚えましょう。

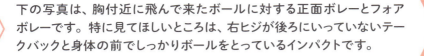下の写真は、胸付近に飛んで来たボールに対する正面ボレーとフォアボレーです。特に見てほしいところは、右ヒジが後ろにいっていないテークバックと身体の前でしっかりボールをとっているインパクトです。

動けば、ボールの軌道が頂点に行く前にとらえることができます。

PART 3　ボレーの基礎

フォアのハイボレーの打ち方

テークバックでラケットを高くセット

ハイボレーをミスする方は、テークバックでラケットを担いでしまっています（写真×）。右ヒジを前に上げるイメージでラケットを高くセットしましょう（写真○）。軌道が安定して、確実にボールをヒットできます。

弾きたいときはスナップを利かせる

テークバックでグリップエンドを相手に見せるくらいに倒しておくと、スナップを利かせてボールを弾くことができます。打球後は振り切らず、ラケットヘッドが下を向かないように注意してください。

スマッシュを打つときのボールに比べて軌道は高くなく、ややスピードのあるボールを打つのがハイボレーです。下の写真はフォアのハイボレーで、できれば浮いて来たボールに対しては、スナップを利かせて弾いて攻撃してほしいですね。

右足に体重を乗せてタメを作る

ボールは身体の前方で打つ

PART 3 ボレーの基礎
フォアのローボレー（フラット）の打ち方

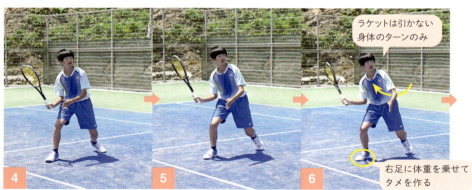

ラケットは引かない
身体のターンのみ

右足に体重を乗せて
タメを作る

身体の前でボールを
とらえる

ローボレーは、ネットより低いところに飛んで来るボールをノーバウンドで返すショットです。その大半は、サービスライン付近で取ります。ほとんど回転のないフラットと、順回転のかかったドライブの2種類があるので紹介します。

両足を広くとって低く構える

ネットより下のボールを打つことになるので、両足を広くとって低く構えましょう。このとき、ラケットを引いてはいけません。打点が狂いやすくなってボールをコントロールできないからです。上半身のターンのみでOKです。また、フォアの場合は右足のつま先が横を向きます。

小指側から押し出すようにスイング

スイングするときに小指側から前に押し出していくとラケット面が安定します。

PART 3　ボレーの基礎
フォアのローボレー（ドライブ）の打ち方

フラットとドライブの違いは、ラケット面の動きにあります。フラットは打球後も上向きの面をそのまま振っていきますが、ドライブは打球後にラケットヘッドを立てていきます。その結果、面がワイパーのように動いてドライブがかかります。

動画でチェック！

ローボレー（フラット）を身につけるための練習法

①ネットを挟んで球出し役と練習する人が向かい合う。
②練習する人は地面に座って構える。
③球出し役が下手投げでネットより低いボールを投げる。
④練習する人はボールがネットを越えるようにラケット面を下から斜め上に振って軽く打つ。これを繰り返す。

※できるようになったら、次はラケット面を立てるドライブの練習に挑戦してみよう。

練習する人はネットの高さを意識しよう

上向きのラケット面を斜め上に押し出す

81

PART 3　ボレーの基礎
バックボレーを打つうえでの注意点

引き過ぎ防止のためにも左手を使う

テークバックで左手をラケットに添えることで（写真〇）、ラケットの引き過ぎ防止につながります。また、ラケットヘッドが下がるのも防ぎます。右手だけでテークバックしないように注意してください（写真×）。

身体を横向きにして打つ

ボールが飛んで来たら、すぐに身体を横向きにして打ちましょう（写真〇）。正面を向いたままで打つのは難しく、ミスの原因にもなります（写真×）。

自分のバック側に飛んで来るボールをノーバウンドで取るのがバックボレーです。テークバックでは必ず左手をラケットに添えることと、身体を横向きにして打つことに注意してください。

PART 3 ボレーの基礎
バックのハイボレーの打ち方

自分のバック側に高いボールが飛んで来るときに打つのがバックのハイボレーです。身体のひねりを使う点やヒジを支点にして打つ点は初心者には難しいかもしれません。しかし、早い段階からトライすることで上達も早くなります。

テークバックでラケットを高くセット

フォアのハイボレーと同様に、バックもテークバックではラケットを高くセットしてください。また、身体のひねり戻しを使うショットなので、できる人は背中を相手に見せるくらいひねりましょう。

手首を固定してヒジ支点でスイング

高い位置にラケットをセットしたテークバックから、ヒジ支点でスイングしていきます。このとき、手首は固定することに注意します。

PART 3　ボレーの基礎
バックのローボレー（フラット）の打ち方

相手ボールがネットより低く飛んで来て、自分のバック側で処理するのがバックのローボレーです。フォア同様にほとんど回転のかかっていないフラットと、順回転のかかったドライブの2種類があります。

低く構えたときに左足のつま先を横に向ける

両足の幅を広くして低く構えたときに左足のつま先を横に向けます。つま先が前を向いていると、動ける範囲が狭くなり、遠いボールに反応できなくなります。

テークバックで左足に体重を乗せてタメを作る

テークバックで左足に体重を乗せてタメを作ります。このタメを作ることで、相手ボールが遅いときは右足に体重を移動させて攻撃し、相手ボールが速いときは吸収します。

PART 3　ボレーの基礎
バックのローボレー(ドライブ)の打ち方

3　左足のつま先を横に向ける

下の写真は、ボールに順回転をかけて返すバックのローボレーです。中上級者はフラットもドライブも打つことができます。初心者の方も早い段階でドライブに挑戦してみてください。

ローボレーを身につける練習法

①写真のようにサービスライン内に小さいマーカーを置く。
②球出し役は低いボールを送る。
③練習する人は1のコーンから2あるいは3のコーンまで横に移動。次に右足を踏み出してボールをヒット。6のコーンを飛び越えて着地する。

※この練習を繰り返すことで、ボールが来たときに後ろに下がらず、前に踏み込めるようになる。

PART 3　ボレーの基礎
フォアのストップボレーの打ち方

ネットぎりぎりに構える

　ストップボレーを打つときに前衛はネットぎりぎりに構えます。通常の陣形では見られませんが、ストレート展開のときに見られます（次ページで解説）。

縦面を使うときはオーバーネットやタッチネットに注意

　前衛は、ラケットを立てて縦面を使ってボールを真下に落とします。その際、ネットを越すオーバーネットや、ネットに触るタッチネットになりやすいので要注意です。

GOOD ○

ストップボレーとはネットぎりぎりのところに構えていて、正面から来た相手ボールに対して、ネットを越えてすぐの真下に落とすボレーのことです。ただし、打球後にラケットがネットを越えたり、ネットに触ってはいけません。

動画でチェック！

PART 3　ボレーの基礎
バックのストップボレーの打ち方

ここで紹介するバックのストップボレーの技術ポイントは、フォアのストップボレーと変わりません。ネットぎりぎりに構えで、打つときはラケット面の縦面を使い、ボールを真下に落とします。

ストレート展開でよく使われるストップボレー

　ストップボレーが使われるのは、主にダブルスでストレート展開になったときです。後衛同士がストレートラリーを続ける中で、前衛がチャンスと判断したら飛び出してストップボレーを打つのです。ほとんどの場合、エースになります。

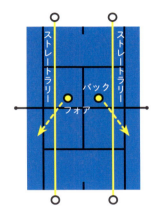

左のストレート展開のときはフォア（写真左。右利き）、右のストレート展開のときはバックを使う（写真右。右利き）

93

PART 3　ボレーの基礎
3つの遊びでボレーに慣れる

初級編　球出しされたボールをラケット面でキャッチ

　最初の遊びは、球出しされたボールをラケット面でキャッチする遊びです。ラケット面は広いので、簡単にキャッチできるはずです。
①球出し役とプレーヤーはネットを挟んで向かい合う。
②球出し役は下手投げでゆっくりボールを投げる。
③プレーヤーはラケット面でボールをキャッチする。

ボレーは速いボールをノーバウンドで取るので、ボールへの集中力が求められます。そこで、ボールとラケットで遊びながら集中力を養える3つの遊びを紹介します。

中級編　球出しされたボールをフレームに当てる

　2つ目の遊びは、球出しされたボールをラケットのフレームに当てる遊びです。ラケット面に比べて狭いフレームに当てるために、ボールに集中しなければいけません。
　5本中何回当てられるかといったゲーム形式にすると面白いと思います。やり方は最初の遊びと同じです。

上級編　球出しされたボールをグリップエンドに当てる

　3つ目の遊びは、球出しされたボールをグリップエンドに当てる遊びです。最も集中力が求められる遊びと言っていいでしょう。この遊びも何回当てられるかというゲーム形式で楽しんでください。

COLUMN 3

「引っ張り」と「流し」って何？

　この2つはソフトテニス特有の用語で、簡単に言うと「引っ張り」は自分の位置より左側に打つことであり、「流し」は自分の位置より右側に打つことを指します。

　試合では引っ張りが得意な選手は正クロス展開で勝負しますし、逆に流しが得意な選手は逆クロス展開で勝負する傾向にあります。初心者の方も、練習していくうちに自分が得意なのはどちらかが分かるようになります。

　そして、試合で自分の得意なコースで勝負できるために、パートナーと事前に作戦を練るというのもソフトテニスの面白さと言えます。

引っ張り（正クロス展開）

代表的なショットはフォアハンド。雁行陣同士の戦いで後衛のストロークラリーでよく見られる

流し（逆クロス展開）

代表的なショットはバックハンドや回り込みのフォアハンドがある。最近の女子テニスで多く見られる

PART 4 サービスの基礎

サービスにはボールを上げてノーバウンドで打つオーバーハンドサービスと、落としている途中のボールをノーバウンドで打つアンダーカットサービスの2種類があります。この2種類のサービスを中心に紹介します。

PART 4 サービスの基礎

オーバーハンドサービスの打ち方①

最適なグリップはイースタン

オーバーハンドサービスに適したグリップはイースタン。包丁の握りのイメージで、手首を使いやすいです。

ボールは4本指の上に乗せる

トスを正確に上げるための第1歩は、ボールの持ち方にあります。手のひらではなく、小指・薬指・中指・人差し指の4本の指の上に乗せてください。

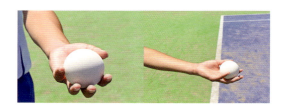

スクエアスタンスかクローズドスタンスで身体を横向きにする

オーバーハンドサービスは身体の回転を使うので、構えで身体を横向きにしておかないといけません（テークバックから身体が回転してインパクトで正面を向く）。そのため、スタンスはスクエアスタンスかクローズドスタンスが最適です。

ボールを上げて打つオーバーハンドサービス。威力があり、ファーストサービスとしてよく使われます。このサービスでは、ボールを上げるトスが1回しかないので、以下のポイントに注意して練習を繰り返すことが必要です。

左腕を1本の棒のように伸ばして上げる

　左手でボールを上げるときは、左腕を1本の棒のようにイメージして上げます（写真○）。トスの途中や投げるときに手首やヒジを曲げると、ボールがとんでもない方向に上がってしまいます（写真×）。

肩から目線までの間でボールを離す

　ボールを離すタイミングは、肩から目線までの間と覚えてください。これより低いところで離すと、ボールは真っすぐ上に上がりません。

PART 4　サービスの基礎

オーバーハンドサービスの打ち方②

トスアップ後は左手の手のひらを外側に向ける

トスアップ後、左手の5本の指は全部上を向き、手のひらを内側から外側（ネット側）に向けます。こうすることで、トスが安定すると同時に身体をひねりやすくなります。

両ヒザの曲げ伸ばしと身体のひねり戻しを使う

トスアップのときに両ヒザを曲げてください。その後、インパクトに向かうスイングに合わせて両ヒザを伸ばしていくのです。また、身体のひねりも戻していくことで、これらの力がボールに伝わります。

トスアップ後で注意して欲しいことは身体の使い方です。身体のひねり戻しやヒザの曲げ伸ばし、さらにヒジの高さ等を意識してスイングしてください。最初はぎこちなくても、繰り返し素振りをすれば自然にできるようになります。

右ヒジを上げた体勢を作ってスイング

トスアップ後、右ヒジを上げた体勢を作りましょう。そうすると、ラケットが落ちるので、この体勢から右ヒジが上がったままインパクトに向かってスイングします。

両腕の入れ替えを覚える

トスアップ直後は左腕が上、右腕が下になりますが、インパクトに向かってスイングする際に今度は右腕が上、左腕が下になっていきます。この両腕の入れ替えを覚えましょう。

PART 4　フラットサービス
オーバーハンドサービスのお手本①

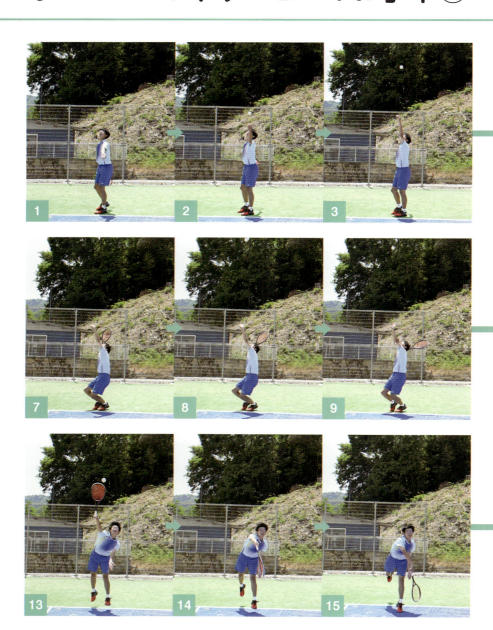

オーバーハンドサービスの打ち方を理解したら、実際に打ってみましょう。最初に紹介するのは、ボールに回転がほとんどかかっていなくて速いフラットサービス。ボールの真後ろにラケット面をしっかり当てます。

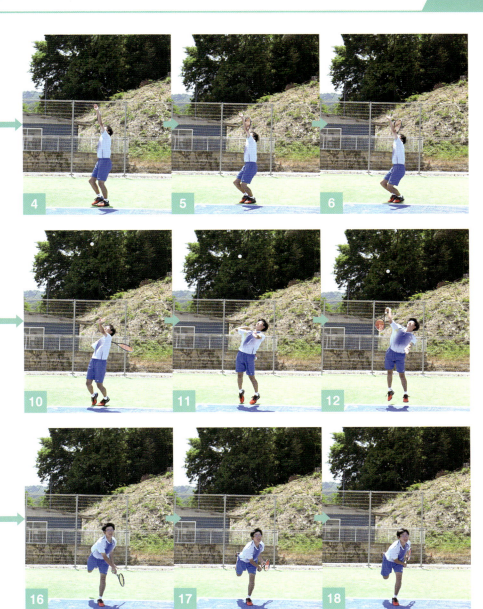

103

PART 4 スライスサービス
オーバーハンドサービスのお手本②

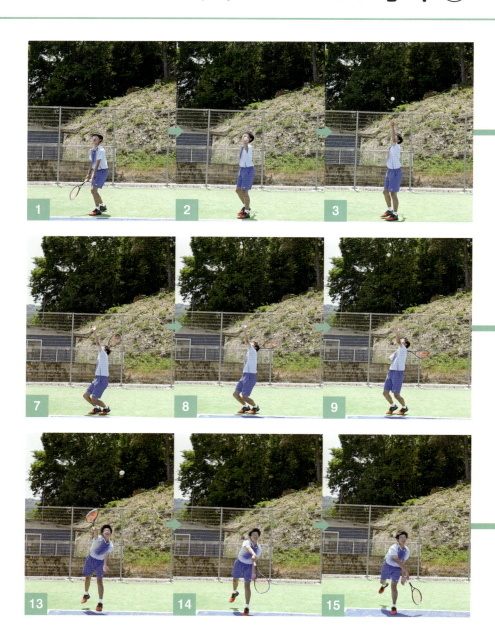

2番目に紹介するのは、ボールにサイドスピンをかけるスライスサービスです。インパクトでボールの右側をラケット面で削るイメージで打ちます。バウンド後に自分から見て左へ低く滑って行く特徴があります（右利き）。

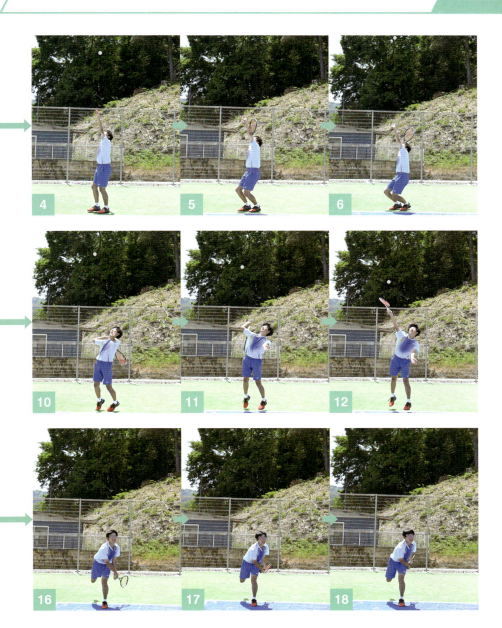

105

PART 4 リバースサービス
オーバーハンドサービスのお手本③

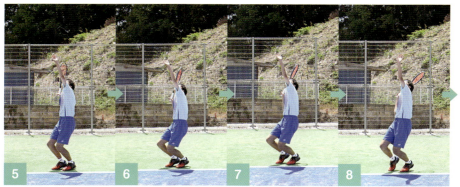

最後に紹介するのはリバースサービスです。ボールの左側を削るイメージでスライスとは逆のサイドスピンをかけます。前ページで紹介した2つのオーバーハンドサービスに比べて、グリップと打点の位置が異なります。

最適なグリップはウエスタン

最適なグリップは、ストロークの握りと同じウエスタングリップ。このグリップならボールの左側にラケット面を当てやすいです。

打点はそれほど高くなくやや左側

打点はそれほど高くなくて構いません。自分の力を出しやすいところですが、身体のやや左側に上げると打ちやすいです。

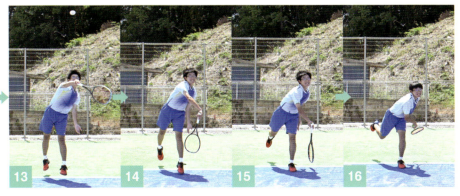

PART 4　サービスの基礎

アンダーカットサービスの打ち方

POINT 1　最適なグリップはイースタン

　ボールに回転をかけるのに最適なグリップはイースタンです。さらに回転数を上げたいなら、少しバック寄りに握るといいでしょう。

POINT 2　グリップは短く握り、シャフトとの間に人差し指を引っ掛ける

　ラケットをしっかりコントロールするために2つのことをやってください。1つはグリップを短く握ること。もう1つは、シャフトとの間に人差し指を引っ掛けることです（写真）。

POINT 3　ラケットを高くセットする

　このサービスはラケットを上から斜め下に振り下ろすので、最初の構えでラケットを高くセットします。

アンダーカットサービスは、ボールを落としてラケットで回転をかけるサービスです。球を変形させるほど強烈な回転をかけられるなので、最近ではファーストサービスとして使われることが多いです。ここでは、5つの基本技術を解説します。

横から見たインパクト前後のスイング

POINT 4 トスは上げない

トスは上げません。ラケットを振り下ろすときにボールを落とします。ただし、落とすときは、ボールを手から離す感覚です。

POINT 5 打点は右ヒザの前

打点は右ヒザの前が基本です。このとき、自分から見てボールの左下にラケット面を当てましょう。強烈な回転がかかりますよ。

109

PART 4 サービスの基礎

アンダーカットサービスのお手本

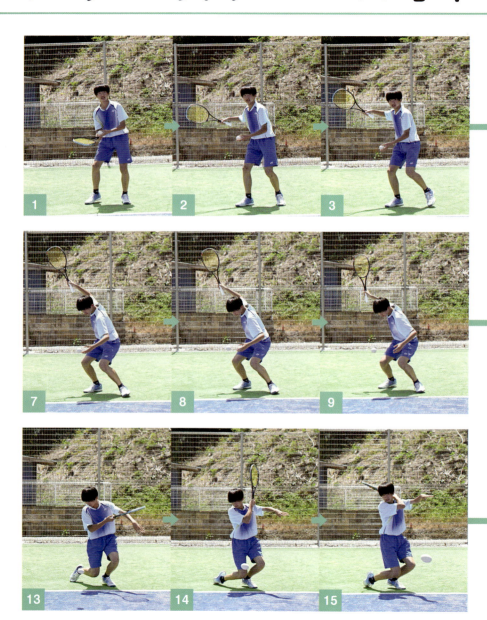

お手本の写真から、ラケットを振っている方向（上から斜め下への方向）やボールを離すタイミング、そして、どこでボールをとらえているかを理解しましょう。繰り返し見て、全体のイメージをつかんでください。練習に役立つはずです。

111

PART 4　サービスの基礎
ショルダーカットサービスのお手本

アンダーカットサービスの打点が肩の高さになったのが、ショルダーカットサービスです。このサービスもボールに強烈な回転をかけることができますが、技術的に難しく、あくまで参考としてご覧になってください。

PART 4　サービスの基礎
サービスの3つの練習法

ラケット面でボールに回転をかける

　初心者にとって、ラケット面でボールに回転をかける動きは理解するのが難しいかもしれません。そこで、ボールを上に上げ、ラケット面を左右に動かして回転をかけてみましょう。ボールに回転をかける仕組みを理解できます。

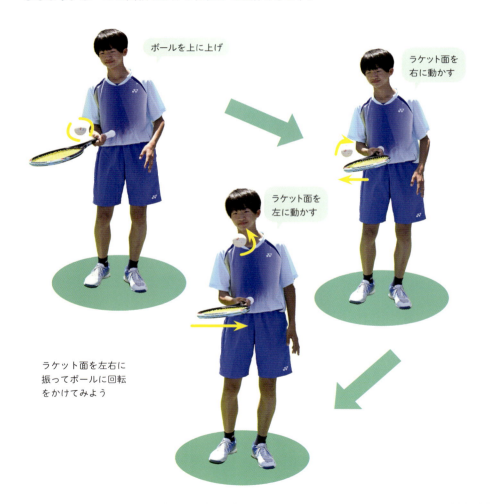

ラケット面を左右に振ってボールに回転をかけてみよう

オーバーハンドサービスとアンダーカットサービスを紹介しましたが、ここではそれぞれのサービスに合った練習法を解説します。どちらも難しくないので、練習の合間や空き時間に取り組むといいでしょう。

ボールを遠くに飛ばす

　オーバーハンドサービス用の練習法です。野球のピッチャーのようにボールを投げましょう。ただし、できるだけ遠くに飛ばしてください。この練習で注意することは、身体を横向きにすることと、最初からヒジが下がらないようにすることです。

投げるまでヒジが下がっていないことに注意

サービス練習の最初はサービスライン付近から始める

　サービスの練習をするときは、いきなりベースラインから打つのはお勧めしません（左）。速いサービスを打とうとしてカんでしまうことが多いからです。練習の最初は、もっとネットに近づいてサービスライン付近から打ってみましょう（右）。リラックスして打てるはずです。

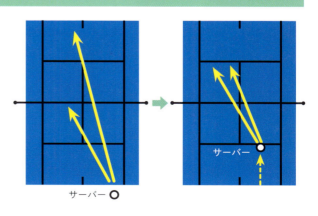

COLUMN 4

コートの種類を知っておこう！

　皆さんは、試合で使うテニスコートにはいろいろな種類があることをご存知でしょうか。そして、コートによってボールの弾み方やスピードが変わってきます。試合に勝つには、コートの知識を持つことは必須なのです。

　コートは全部で4種類あります。土を使用したクレーコート、人工芝に砂を入れたコート、セメントやアスファルトの上をコーティングしたハードコート、そして、体育館に見られる板張りコートです。

　クレーコートは球足が速く、ボールはバウンド後に低く滑っていきます。砂入り人工芝コートは、適度にバウンドし、スピードはバウンド後に減速します。打ちやすいコートと言えます。ハードコートと板張りコートは球足が遅いコートと理解してください。

　特にハードコートはバウンド後に止まりやすく、自分でボールを飛ばさないといけません。初心者には難しいコートかもしれません。

クレーコート

砂入り人工芝コート

ハードコート

板張りコート

PART 5 スマッシュの基礎

スマッシュは相手のロビングを
ノーバウンドで頭上から強打す
るショットです。ボレーととも
にネットプレーを構成するショッ
トであり、身につければ前衛の頼
もしい武器になります。

PART 5　スマッシュの基礎
スマッシュの種類と特徴

相手ボールが深くないときに打つスマッシュ

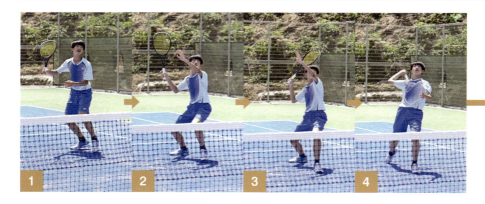

相手ボールが深いために跳んで打つジャンピングスマッシュ

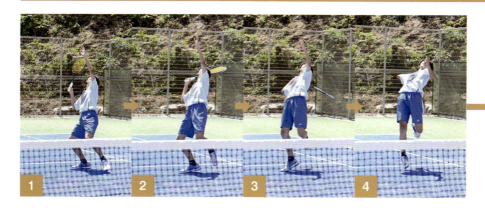

スマッシュには、ロビングの深さによって2種類に分けられます。1つは相手ボールが深くなく、自分より前にボールが落下するときに打つスマッシュ。もう1つは、相手ボールが深くて伸びて来るときに打つジャンピングスマッシュです。

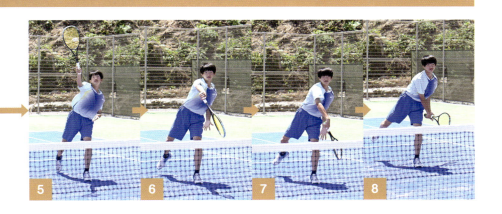

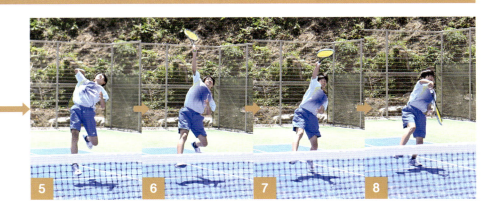

PART 5　スマッシュの基礎
スマッシュに必要な2つのフットワーク

クロスオーバーステップ

　身体を横向きにして下がる際、素早く下がるときに使いたいのがクロスオーバーステップです。左足が右足の前を追い越す動きになりますが、状況によっては両足の幅が大きくなったり小さくなったりします。

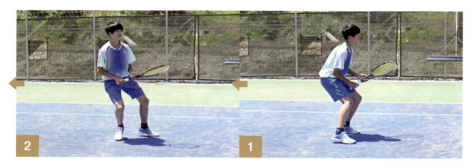

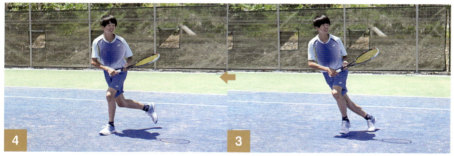

ステップの拡大

左足が右足の前を追い越す使い方

自分の頭上を抜こうとしている上空のボールを追いかけ、素早くボールの落下地点の下に入るには2つのフットワークが必要になります。

バックステップ

　相手ボールが上がったら、様子を見るために少し下がります。このときに使うのがバックステップです（写真上）。正面を向いたまま両足を交互に下げていきます。特に風が吹いたときに、相手ボールの軌道を見極める際に使います。

　ただし、そのまま急いで下がらないこと。後傾になり、つまずいて転倒する怖れがあります（写真下）。

PART 5 スマッシュの基礎
ロビングが深くないときに打つスマッシュ

このスマッシュは、相手ボールが深くないのでサービスラインより内側で打つことが多いです。ステップを使ってボールの落下地点に入り、打つ直前までボールをしっかり見ることで確実にヒットできます。

右足で地面を蹴って左足に体重を移動させる

右足に体重を乗せている体勢から（写真左）、右足で地面を蹴って左足に体重を移動させます（写真右）。

こうすることで、体重移動でボールに威力を与えることができます。

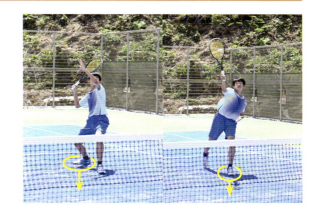

打つときに腰を折らない

ボールに確実に当てようとする余り、インパクトで腰を折らないようにしましょう（写真右）。

腰を折ってお辞儀するように打ってしまうと、ボールはネットにかかりやすくなります。真っすぐな姿勢をキープしましょう。

123

PART 5　スマッシュの基礎
後方から打つジャンピングスマッシュ

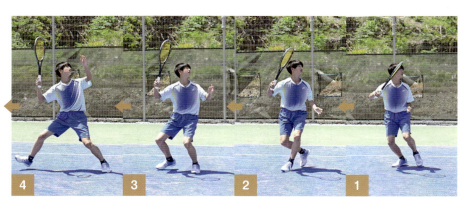

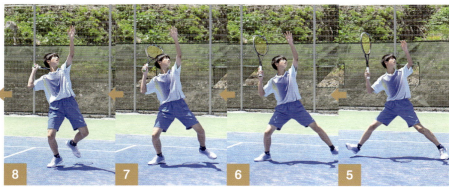

ジャンピングスマッシュは、サービスライン付近か、それより後方で打つショットです。この位置で打てるのは中級者以上なので、初心者はこのショットのイメージをつかむことから始めてみましょう。

ジャンプしたときに両足を入れ替える

　ステップで素早く下がってもボールに追いつかないときは、右足で地面を蹴って空中にいる間にボールをとらえます。打球後は左足で着地しますが、このように両足の入れ替えが求められる点が中級者以上のテクニックなのです。

頭より前でボールをとらえる

　ジャンプして空中にいる間に打つとき、打点は頭より前になります。頭より後ろになると、ボールコントロールができずアウトしてしまいます。このスマッシュでは「打点は前」を特に意識してください。

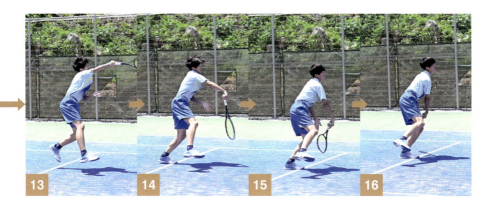

125

PART 5　スマッシュの基礎
初心者向けスマッシュ練習法

空中に上げたボールを左手でキャッチして右手で投げる

①球出し役と練習する人はネットを挟んで向かい合う。
②球出し役は下手投げでロビングを上げる（練習する人がその場で取れる距離）。
③練習する人は左手でキャッチして右手にボールを持ち替えて遠くへ投げる（スロー）。
④練習する人が慣れてきたら、ロビングを深くする。

※最終的には、かなり深いロビングに対して練習する人がジャンピングスマッシュの形でキャッチできるようにする。

球出し役が下手投げでロビングを上げる

練習する人は左手でボールをキャッチ

練習する人は決められたところに右手で投げる

スマッシュが難しいと感じる方は、空中にあるボールが落ちて来たときにラケット面で正確にとらえるのが難しいからでしょう。ここでは、落ちて来るボールに慣れるための初心者向け練習法を紹介しています。

身体を横向きにしてクロスオーバーステップで素早く後退

後ろに下がるときから身体を横向きにし、クロスオーバーステップを使ってボールの落下地点に素早く後退。ボールをキャッチして投げる（スロー）

※応用編として、右手で投げるときに遠くへ投げるようにする。サービスと同じ身体の使い方を覚えることができる

COLUMN 5

試合に勝つために最適なシューズを選ぼう

　コラム④（P116）では、試合で使われるテニスコートはいろいろあり、ボールの弾みやスピードが変わると説明しました。選手は、それぞれのコートで足を使ってボールを追うわけですが、そのフットワークを支えるのがシューズです。

　試合には推奨シューズで出場するのが基本で、テニスメーカーのカタログを見ると、それぞれのコートに合ったシューズが掲載されています。

　皆さんも、試合に勝つためにメーカーのカタログを見て最適な1足を選びましょう。下は、コート別の専用シューズの一例です。

男性用

クレーコート用・砂入り人工芝コート用シューズ

オールコート（体育館やハードコート）用シューズ

女性用

クレーコート用・砂入り人工芝コート用シューズ

オールコート（体育館やハードコート）用シューズ

PART 6 ダブルスの基礎

最後の章では、中学生に知ってほしいダブルスの基礎を取り上げる。陣形やオーソドックスな攻撃パターンの他に、ソフトテニスを始めたばかりの中学生にとって難しい前衛の動きも分かりやすく解説する。

PART 6 ダブルスの基礎
3つの陣形の特徴と狙い

雁行陣（がんこうじん）

1人はベースライン付近に構えて（後衛）、もう1人はネット近くに構える（前衛）陣形です。後衛はワンバウンドしたボールを処理し、前衛はノーバウンドのボールを処理します。試合では後衛がストロークで相手ペアの陣形を崩してチャンスを作り、前衛がネットプレーでポイントを決めます。攻撃と防御のバランスがとれた陣形です。

ダブル後衛

2人ともベースライン付近で戦う陣形です。ストロークを武器に戦う一方、ほとんどネットには詰めない傾向にあります。守備力を重視した陣形で、女子に多いです。

ダブルフォワード

後衛も前衛も中間ポジション（サービスラインより1歩前に入った付近）に構えてボレーやスマッシュで決める陣形です。この陣形がよく見られるのはアンダーカットサービスからの展開やレシーブダッシュです。守りよりも攻めを重視しています。

ダブルスの陣形は3つに分かれます。ここでは、それぞれの陣形の特徴と狙いを解説します。中学生にとって基本的な陣形は、雁行陣あるいはダブル後衛になります。

陣形対陣形の組み合わせ

3つの陣形の対戦の組み合わせは以下の6つが考えられます。

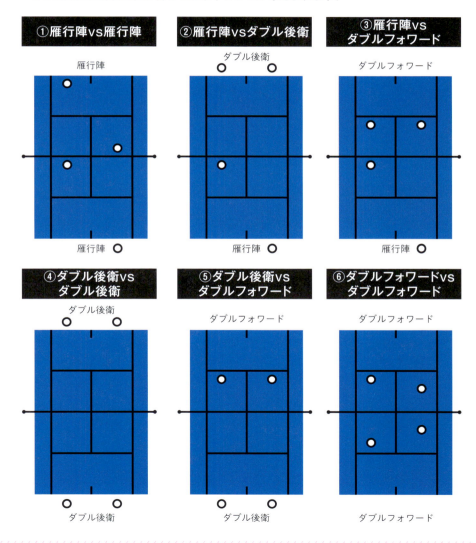

PART 6 ダブルスの基礎
試合中の前衛のポジションを知る方法

ボールを持っている相手と相手コートのセンターマークの中間

　前衛は、試合中に相手や相手ボールが動くのに伴い、いろいろなところに動いて構えないといけません。
　その構える位置について、「ソフトテニス指導教本」((公財)日本ソフトテニス連盟公認)を見ると。「打球者の打点と自分たちのコートのセンターマークを結んだ線上に立つ」と書かれています。
　しかし、このやり方は中学生には難しいかもしれません。そこで、覚えてほしいのが、ボールを持っている相手と相手コートのセンターマークの中間に立つやり方です。相手とセンターマークの両方を見ることができるので、やりやすいと思います。

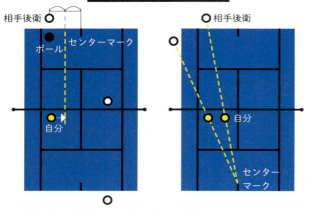

前衛が構える位置として、相手ボールと相手コートのセンターマークの中間を目安にしてほしい(コート図左)。右のコート図は指導教本に書かれてあるやり方

前衛が構える位置①

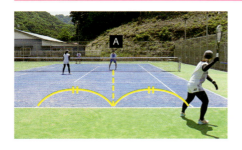

正クロス展開のときの前衛Aはボールを打とうとしている相手と相手コートのセンターマークの中間に構えていることがわかる

1人がベースラインに構え（後衛）、1人がネット近くに構える（前衛）雁行陣では、前衛の動きが重要になってきます。というのも、前衛が正しいところで構えていないと自分たちのコートにオープンスペースができてしまうからです。

前衛が構える位置②

相手後衛がややセンターに寄ったときは、相手後衛とセンターマークの中間に構えるやり方にしたがって前衛Aもセンターに寄っていく

前衛が知ってほしいその他の動き

試合中の前衛の動きの中で、相手後衛がコート外に出たときと相手後衛にロビングを上げられたときにどうするかを補足説明しておきましょう。

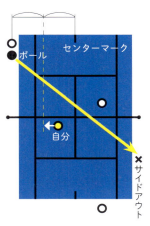

相手後衛がコート外に出て打とうとしているときも、相手と相手コートのセンターマークの中間に構えるやり方は変わらない

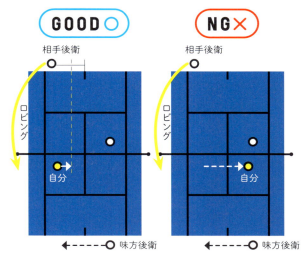

相手後衛がロビングを上げたときは、前衛は少しセンターに寄るだけ（○印）。反対サイドまで動く必要はない（×印）

PART 6　ダブルスの基礎
前衛のポジショニングを身につける

前衛の基本ポジション

　前衛が最初に構える位置は、ラケットを伸ばしてネットに触れるか触れないかの位置に構えます（写真〇）。ここがスタートになります。
　始めて間もない中学生は、ネットに近過ぎたり、遠過ぎたりします（写真×）。近過ぎると打球後にラケットがネットに触れたりネットを越えやすく、失点になるので要注意です。また、遠すぎてもボレーミスにつながります。

写真左が正しい構えの位置。写真右は遠過ぎる悪い例

ボールが動くのに伴い前衛も動く

　前衛は構えた後、ボールの動きに伴って、自分も少し動くことを覚えましょう。
　例えば、最初の位置にいて、ボールが相手コートに行ったときは半歩くらい前進して構え、ボールが自分たちのコートに来たときは半歩くらい後退して構えます。
　このように縦に動くことで、ポーチボレーに出るチャンスが生まれ、相手前衛からの攻撃に対処できるようになるのです。

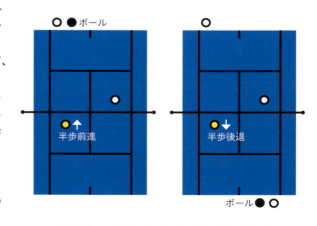

前衛はボールが行き交いする中で常に前後に動こう

ここでは、前衛が試合中に覚えておくべき2つのことと、前ページで紹介した前衛が試合中に構える位置を身につける練習法を紹介します。

前衛が素早く最適な位置に動けるようになる練習法

前ページで、前衛はボールを持っている相手と相手コートのセンターマークの中間に構えると解説しました。この動きを身につけられる練習を紹介しましょう。
① 4人はサービスボックス内に雁行陣を作る。
② 1人が下手投げで相手コートにボールを投げる。
③ 相手はボールをワンバウンドでキャッチ。続いて下手投げで好きなところに投げる。ロビングもOK。これを繰り返す。

※前衛は相手後衛の動きを見ながら、相手とセンターラインの中間に構えることを意識する。

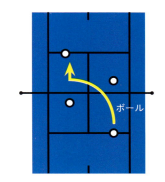

PART 6　ダブルスの基礎
前衛のための3つのパターン練習

後衛はコースを変更せずに打ち続ける

　これらの練習で注意することは3つあります。1つ目は、後衛はコースを変更しないこと。変更してしまうと前衛の練習にならないからです。2つ目は、前衛は相手前衛が出てきたときは半歩下がって動きを警戒すること。

　そして、3つ目は、前衛はお互いを見るクセをつけることです。あとは、チャンスと判断したら思い切って飛び出しましょう。

前衛は2つの注意点を意識しつつチャンスと見るや思い切って飛び出そう

正クロス展開でのポーチボレー練習

　雁行陣同士の正クロス展開での練習です。威力のあるフォアハンドストロークに対して、お互いの前衛は臆せず積極的にポーチボレーに出ましょう。

ここでは、前衛が試合でポーチボレーができるようになるための3つの練習パターンを紹介します。それぞれ正クロス展開、逆クロス展開、ストレート展開と、試合でよく見られる場面でのポーチボレーに挑戦します。

逆クロス展開でのポーチボレー練習

同じく雁行陣同士のラリーですが、今度は逆クロス展開での練習です。相手後衛のストロークに対して、チャンスと見たら果敢に飛び出してください。

ストレート展開でのポーチボレー練習

後衛同士がストレートのラリーをしている中で、前衛はチャンスと見たら飛び出してポーチボレーしてください。

この練習を繰り返すことで、前衛はボールに対する恐怖がなくなっていくはずです。

PART 6　ダブルスの基礎　オーソドックスな攻撃パターン①
セカンドレシーブからのポーチボレー

相手に回り込みのフォアハンドを打たせる

　1つ目の攻撃パターンは、雁行陣同士の戦いで自分たちがレシーブゲームのときに使えます。具体的には、正クロス展開で相手がセカンドサービスのとき。このパターンで勝利を飾るための鍵は、レシーブのコースと前衛の思い切りの良さです（詳細は右ページ）。

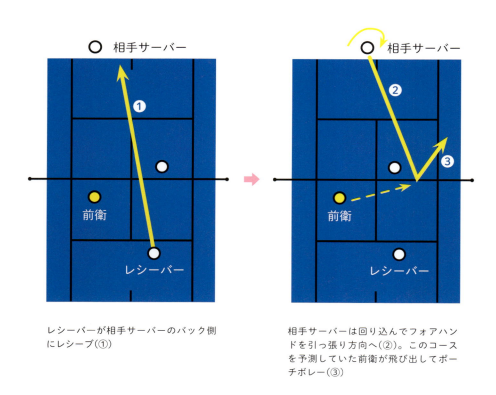

レシーバーが相手サーバーのバック側にレシーブ（①）

相手サーバーは回り込んでフォアハンドを引っ張り方向へ（②）。このコースを予測していた前衛が飛び出してポーチボレー（③）

ここからは、中学生に身につけてほしい試合での勝ち方を7つほど紹介します。最初は自分たちがレシーブゲームのときに使える攻撃パターンです。

Point レシーバーは相手コートのセンター付近にレシーブ

レシーバーはセンター付近にレシーブすることで、相手サーバーは回り込みのフォアハンドを打とうとして移動

相手サーバーは回り込みのフォアハンドを引っ張り方向にヒット

Point コースを予測していた前衛がポーチボレー

回り込みのフォアハンドのほとんどは引っ張り方向へ打たれる。このことを知っている前衛が思い切りよく飛び出してフォアのポーチボレーを決めた

PART 6 ダブルスの基礎　オーソドックスな攻撃パターン②
ストレート展開のポーチボレー

引っ張りのフォアボレーで決める

　2つ目の攻撃パターンは、ストレート展開のポーチボレーです。前衛はしっかり足を運んでチャンスボールをポーチボレーします。ただし、前ページで紹介したポーチボレーに比べてボレーの技術は難しくなります。というのも、同じフォアボレーでも引っ張るボレーだからです。十分な練習が必要です。

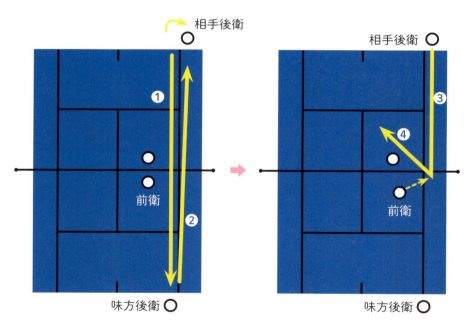

相手後衛のストローク(①)を味方後衛が相手後衛のバック側に返球(②)。相手後衛は回り込もうとしている

相手後衛は回り込みのフォアハンドを打ったが(③)、前衛がすかさずポーチボレー(④)

前ページでは、雁行陣同士の戦いでのポーチボレーを解説しました。ここでは、その応用編としてストレート展開のポーチボレーを紹介します。

後衛同士のラリーで味方後衛が相手後衛のバック側を狙う

相手後衛は回り込んでフォアハンドで返す

Point 足を使って確実に決める

前衛は足を使ってポーチボレーを決めた。少しでもタイミングが遅れるとアウトしてしまうので要注意

PART 6 ダブルスの基礎　オーソドックスな攻撃パターン③
逆クロス展開のポーチボレー

味方後衛のアシストが必要

　3つ目の攻撃パターンは逆クロス展開のポーチボレー。この場面では、味方後衛のアシストが成功の鍵を握ります。それは、味方後衛が相手後衛のバック側に正確に返球すること。バック側はフォア側に比べて多くの人が苦手にしているからです。2人の協力があってこそポーチボレーは成功するという例です。

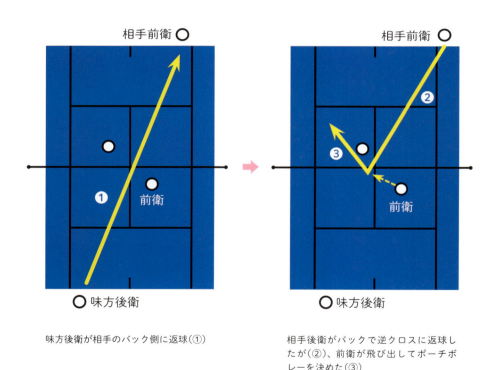

味方後衛が相手のバック側に返球（①）

相手後衛がバックで逆クロスに返球したが（②）、前衛が飛び出してポーチボレーを決めた（③）

雁行陣同士の戦いでのポーチボレーの応用はストレート展開だけでなく、バックハンドストロークの打ち合いになることが多い逆クロス展開でも使えます。

Point 相手後衛のバック側を狙う

味方後衛は相手後衛のバック側に正確に返す。この攻撃パターンが成功するかどうかは"味方後衛のストローク力"にかかっていると言っていい

相手後衛が返球。一方、前衛は動き始める

Point 自分が進む方向に打つ バックボレーは難しくない

前衛は体勢を崩しながらもポーチボレーを決めた。一般的に、この場面ではバックボレーになるが、自分が進む方向に打つのでそれほど難しくない

PART 6 ダブルスの基礎　オーソドックスな攻撃パターン④
ダブル後衛からの攻撃①

ロビングを上げて相手後衛からの甘いボールを叩く

4つ目の攻撃パターンはダブル後衛からの攻撃です。2つ紹介しますが、1つ目はロビングを上げて相手陣形を崩し、相手から返って来た甘いボールを叩くというパターンです。相手後衛が右利きならバックで返すことになり、甘いボールになる可能性が高くなります。

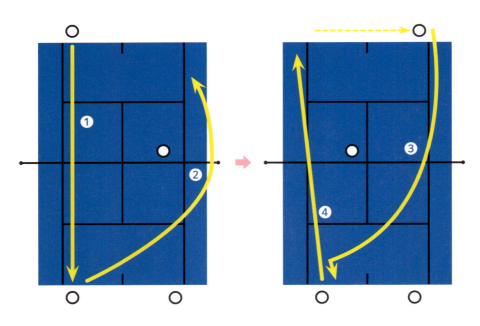

相手ボール（①）に対してダブル後衛側がロビングを上げた（①）

相手後衛がなんとか追いついて返球（③）。しかし、体勢が崩れていたうえにバックで返したので甘いボールになった。そのボールに対してダブル後衛側が強打してポイントを決めた（④）

2人ともベースライン付近に構えて戦うダブル後衛は、ネット付近で決めるプレーヤーがいません。そこで、大切になってくるのが相手陣形を崩すことです。

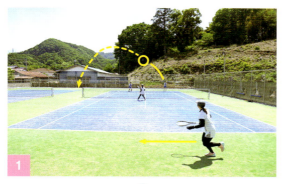

ダブル後衛側（ネット向こうのペア）が逆クロスにロビングを上げた

相手後衛が追いついてバックで返球。しかし、甘いボールになった

Point　浅いチャンスボールは前に出て叩く

相手ボールがベースラインに落ちて来たので、ダブル後衛側はそこからオープンスペースを狙って打っている。一般的にチャンスボールは浅くなることが多いので、そのときは前に出て叩こう

PART 6　ダブルスの基礎　オーソドックスな攻撃パターン⑤
ダブル後衛からの攻撃②

相手前衛に難しいバックのハイボレーをさせる

　5つ目の攻撃パターンはダブル後衛からの攻撃第2弾。ここでもロビングを使いますが、今度は相手前衛のバック側に上げます。相手前衛は難易度の高いバックのハイボレーでなんとか返しますが、甘いボールになってしまいます。そのボールをダブル後衛側は叩いてポイントを決めます。

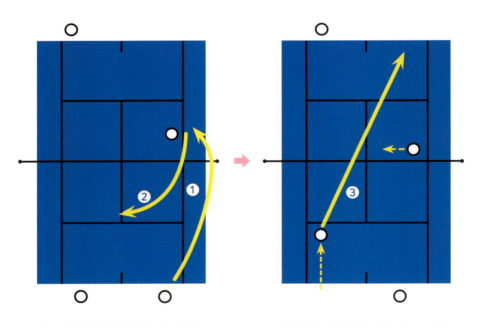

ダブル後衛側が相手前衛のバック側にロビングを上げた（①）。相手前衛はバックのハイボレーで返す（②）

相手前衛の返球がサービスラインに落ちて来たので、ダブル後衛側の1人が前に出てオープンスペースに打った（③）

ダブル後衛は、チャンスが来るまで我慢が大事です。我慢できずにベースラインからすぐに相手前衛に打つと簡単に決められてしまいます。

ダブル後衛側が正面の相手前衛のバック側にロビングを上げた

Point バックのハイボレーで決めるのは至難の業

相手前衛はバックのハイボレーで返す
※このショットは難易度の高いショット。返球できたとしても、決められるコースがほとんどない。逆の立場から言えば、このショットを相手に打たせた時点で甘いボールが来ると予測できる

ダブル後衛側の1人が前に出てオープンスペースにバックを打って決めた

147

PART 6　ダブルスの基礎　オーソドックスな攻撃パターン⑥
ダブルフォワードに挑戦する① 〜サービスサイド〜

アンダーカットサービスを打てることが前提

　6つ目の攻撃パターンはダブルフォワードからの攻撃です。この陣形ではアンダーカットサービスが必須です。また、前に出たときは「ミニ雁行陣」になります。ボールを打とうとしている相手に近いほうが、ネットに近い位置で構えるのです。この形をとればロビングもケアできるし、センターに来るボールも取りやすいです。

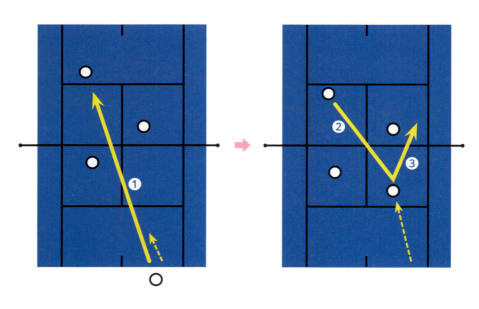

サーバーがアンダーカットサービス（①）を打って前進

レシーバーがクロスにレシーブ（②）。サーバーはさらに前進してボレーを決めた（③）

ダブルフォワードとは2人とも中間ポジションに構えて、そこからネットプレーでポイントを取る陣形です。中学生レベルではほとんど見られない陣形ですが、将来を見据えて挑戦してみましょう。

Point アンダーカットサービスが必須

サーバーがアンダーカットサービスを打って前進
※ダブルフォワードでよく使われるアンダーカットサービス。そのメリットはサービスライン内に早く詰めることができることだ

サービスライン付近に構えていたレシーバーがクロスにレシーブ

サーバーがオープンスペースに向かってボレー

PART 6　ダブルスの基礎　オーソドックスな攻撃パターン⑦

ダブルフォワードに挑戦する② 〜レシーブサイド〜

相手の苦手なところにレシーブする

　7つ目の攻撃パターンはレシーブダッシュです。写真ではレシーバーがクロスにレシーブした後にダッシュしています。このパターンで大事なのは、レシーブを相手サーバーの苦手なところに打つこと。バック側でもいいし、短いボールでもいいでしょう。強打しないで相手の陣形を崩すというアイデアを取り入れてください。

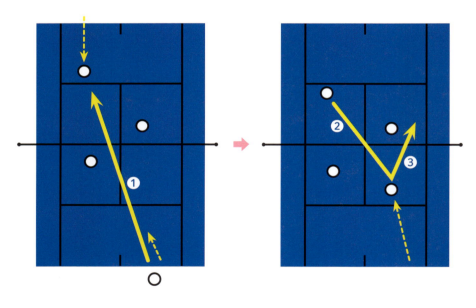

レシーバーが相手サーバーのバック側にレシーブ（①）。レシーバーは直後にダッシュ

相手サーバーがバックで返球（②）。そのボールに対して前進してきたレシーバーがボレーを決めた（③）

レシーブサイドでもダブルフォワードに挑戦してみましょう。レシーブからネットに詰めることもあれば、ストロークラリーから前に出ることもあります。

Point 相手の苦手なところにレシーブする

レシーバーがレシーブ＆ダッシュ
※レシーブ＆ダッシュをするときは、相手サーバーの苦手なところを狙おう。具体的にはバック側、あるいは短いボールでもいい。このように打つことで相手の陣形が崩れ、甘いボールが来る可能性が高くなる

相手サーバーがバックで返球

前に出てきたレシーバーがボレーを決めた

ソフトテニスの用語解説

コートの名称と長さ

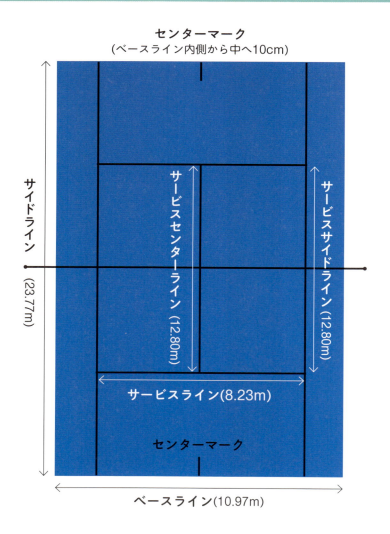

最後に、ソフトテニスに出てくる用語を解説します。用語の意味を理解することは、自分のソフトテニス全体のレベルを上げることにつながります。

用語解説

【ア行】

アタック attack　至近距離からの攻撃。

アプローチショット approach shot　ネットへ詰めるためのショット。

アンダーストローク under stroke　グラウンドストロークの打ち方の１つ。腰より低い高さのボールをラケットの斜面（ラケットのヘッドをグリップより下げる）を使って、こすり上げるように打つ打法。

イースタングリップ eastern grip　地面に対してラケット面を垂直にし、そのまま上から握るグリップ。

インパクト impact　ボールがラケットに当たる瞬間。コンタクト（contact）ともいう。

ウイニングショット winning shot　一番得意な打球（決め球）。ポイントを勝ち取る最後のショットのことで、一番得意なものを使うのが理想。

ウエスタングリップ western grip　地面に対してラケット面を水平にし、そのまま上から握るグリップ。

エース ace　サービスやグラウンドストロークで、相手プレーヤーが、ボールに触ることができずにポイントになること。単にサービスによる得点を指す場合もある。

オールラウンドプレーヤー all-round player　攻守にわたり、すべてのプレーを平均以上にこなせる選手。

【カ行】

カット cut　ラケットでボールを切るようにスイングし、逆回転をかけること。

グラウンドストローク ground stroke　ワンバウンドしたボールをネット越しに相手コートに打ち返す動作。または、その打球動作全般のこと。

グリップ grip　ラケットの握り方（ウエスタングリップ、セミイースタングリップ、イースタングリップなどがある）。またはラケットの握りの部分。

コートカバーリング court covering　ボールを打ったあと、返球の方向やその強弱を予測して素早く守備位置につくこと。

コック cock　バックスイングが完了した時、手首が手の甲のほうに折れ曲がっていること。

【サ行】

サービス service　ポイントの最初に、相手のサービスコートに向かって打つプレー、またはその打球のこと（ボールの打点や加える回転方向によって、オーバーハンドサービス、フラットサービス、スライスサービス、リバースサービス、アンダーカットサービスなどに分類される）。

サイドストローク side stroke　グラウンドストロークの打ち方の１つ。腰の高さくらいの打点で打つグラウンドストロー

153

用語解説

クのこと。ラケットを地面と並行に振り抜くように打つ打法。

シュートボール shoot ball　コート面と平行に、ネットすれすれに速く鋭く飛ぶ打球のこと(同義語:ドライブ)。

スイング swing　ラケットの振り。ラケットの動き。

スタンス stance　打球時の足の位置や間隔(オープンスタンス、平行スタンス、クローズドスタンスなどがある)。

ストップボレー stop volley　ボールが当たる瞬間にラケットを引くようにし、ボールの勢いを吸収して相手コートのネット際に短く落とすボレー。

ストローク stroke　ボールを打つ動作、またはその打球全般のこと。グラウンドストローク、ボレー、スマッシュ、サービス、レシーブのこと。

スピン spin　ボールに回転を与えること。トップスピン(順回転)、アンダースピン(逆回転)、サイドスピン(横回転)などがある。

スプリットステップ split step　相手がボールを打った瞬間に両足で軽くジャンプし、地面を踏み込む動作。次の動作に移りやすくなる効果がある。

スマッシュ smash　ボールをたたきつけるように強く打ち込むこと。高く上がってきたボールを、頭上より高い打点で、相手コートに打ち込む攻撃的なストローク。

スライス slice　ラケットでボールを切るようにしてスピンをかけた打球。アンダースピンのボールを指す場合もある。

【タ行】

縦面 racket head up, racket head down　ラケット面が縦になっている状態。また、ラケットヘッドを上げたり下げたりした状態を作ること。

打点 contact point　ラケットがボールと当たる位置。

チップ tip　ボールがラケットのフレーム部分をかすめ、返球できないこと。

テークバック take back　ラケットを後方に引く動作(バックスイング)。また、その動作を行うこと。

トップストローク top stroke　グラウンドストローク打法の1つ。胸よりも高い打点でボールをたたくように打つ打法で、ラケットのヘッドをグリップよりやや上げて行う。

ドライブ drive　ボールに対して順回転をかけること。コートの面と平行にネットすれすれに鋭く飛ぶ打球を指す場合(同義語:シュートボール)や、単に強い打球や強く打つことを指す場合もある。

ドロップショット drop shot　ラケットでボールをカットして逆回転を与え、ネット際に短く落とす打球法。

【ナ行】

ネットプレー net play　ネット際で行われるプレーのこと(ボレー、スマッシュなど)。

【ハ行】

ハーフロブ half lob　シュート(ドライブ)ボールとロビングの中間の攻撃的なロビング。中ロブ(ロビング)や半ロブともいう。

バックスイング back swing　ストローク動作の中で、ラケットを後方に引く動作が完了した形。フォワードスイングに入る直前の構えのこと。

バックハンド backhand　利き腕の逆側で打つ打法。また、ラケットを持っていない側のこと（対義語：フォアハンド）。

パッシング passing　プレーヤーの脇を抜く打法。または、その打球のこと。パスともいう。

フィニッシュ finish　スイングの最終姿勢。振り終わりの形。

フォアハンド forehand　利き腕側で打つ打法。または、ラケットを持っている側のこと（対義語：バックハンド）。

フォロー follow　相手のエース級のボールについていき、返球すること。

フォロースルー follow through　振り抜き、インパクトのあとラケットの動きを止めず、そのまま振り続ける動作のこと。スイングの後半部分の動作で、インパクトからフィニッシュまでの振り動作をいう。

フォワードスイング forward swing　後方に引いたラケットを打球のために前方へ振り出す動作。

フットワーク footwork　足の運びのこと。また、打球地点への身体の移動。

フラット flat　ボールの軌道に対してラケット面を直角に当て、ボールにはほとんど回転がかからない打球。強力で攻撃的な打球。

ポーチ poach　ダブルスで、味方のベースラインプレーヤーが打つべきコースのボールを、ネットプレーヤーが横取りして打つ、奇襲攻撃のボレーのこと。

ポジション position　プレーヤーの立ち位置（構える位置）のこと。また、プレーヤーがその位置につくことをポジショニングという。

ボレー volley　相手の打球がコートにバウンドする前に、直接（ノーバウンド）打つストローク。打点の高さによってハイボレー、ローボレーや、前に落とすストップボレーなどがある。

【マ行】

モーション motion　プレーヤーの動作。

【ラ行】

ライジング（ライジングストローク） rising(rising stroke)　バウンドした後、跳ね上がるボールをバウンドの頂点に達する前に打つこと。

ラケットヘッド racket head　ラケット面の先の（グリップから最も遠い部分）部分。

ラリー rally　ボールの打ち合い（連打）が続くこと。

ランニングショット running shot　走りながらボールを打つこと。

リーチ reach　ボールに対するラケットの届く範囲。主にネットプレー時の守備範囲のこと。

ロビング lobbing　グラウンドストロークの打法の1つ。相手ネットプレーヤーの頭上を越えるよう、高く弧を描くようにボールを打ち上げるストローク。ロブともいう。

ソフトテニスのルールと審判

【ア行】

アウトコート out court　競技を支障なく行うためのコートの周辺のスペースをいう。ベースラインから後方に8m以上、サイドラインから外側に6m以上を原則とする。

アドバンテージ advantage　デュース後、サーバー側もしくはレシーバー側が1ポイントを得ること。アドバンテージサーバー（レシーバー）とコールする。

アンパイヤー umpire　正審、副審、線審の総称をいう。

インターフェアー interfere　①有効なサービスが、ツーバウンドする前に、レシーブするプレーヤーのパートナーのラケット、身体、ウェアに触れた場合。②レシーブが終わる前に、レシーブするプレーヤーのパートナーが、サービスコートに触れた場合。③ラケット、身体、ウェアが、相手のコート、相手のラケット、身体、ウェアに触れた時。④手から離れたラケットで返球した時。⑤明らかな打球の妨害があった時。

インプレー in play　サービスが始まってからレットもしくはフォールトになるか、またはポイントが決まるまでの間をいう。

【カ行】

関係者　プレーヤー、部長、監督、コーチ（外部コーチを含む）及び該当チーム（ペア）の応援団の総称をいう。

棄権　競技規則第39条及び審判規則第18条に該当する場合で相手の勝ちとすることをいう。この場合、負けとなったプレーヤー、ペアまたはチームがすでに得たポイント及びゲームは有効とする。

キャリー carry　ラケット上でボールが静止する反則。

競技責任者　競技上の運営に関する一切の問題に決定権を持つ大会役員をいう。

警告　競技規則第15条、第38条または第40条に明らかに違反したと認められる場合をいう。正審はプレーヤー（団体戦の場合は監督を含む）に対しイエローカードを提示する。

ゲーム game　試合のこと。または、試合のセットを構成する単位。ポイントが集積されて規定に達することをいう。

ゲーム中　ゲームの開始から終了までをいう。インプレーのほか、ポイントとポイントの間やタイム中も含まれる。

コート court　ベースラインとサイドラインで区画された平面の平坦なスペース縦23.77m、横10.97の長方形とし、区画するラインの外側を境界とし、その中央をネットポストで支えられるネットで二分された部分をいう。

コート主任　必要と認める場合に置かれ、担当するコートの進行を促し、必要により、アンパイアーに指導及び助言を行う者をいう。

コール call　アンパイアーの判定、ポイント及びゲームカウントなど、アンパイアーが発声をもって表示することをいう。

コレクション correction　訂正。アンパイアー（正審）がコールまたはカウントを誤ったときに、訂正するためのコール。

コンソレーションマッチ consolation match　敗者復活戦のこと。

【サ行】

サービスキープ service keep　自分のサービスゲームを勝ち取ること。

サーバー server　サービスをするプレーヤー。

サーフェス surface　アウトドアではクレー、砂入り人工芝を含む人工芝または全天候ケミカルなど。インドアでは木版、砂入り人工芝を含む、硬質ラバーまたはケミカルなどとする。

サイド side　コートをネットで二分し、それぞれの片側をいう。

サイドライン side line　コート内外を分けるライン。

試合　広義のトーナメント、リーグ戦、団体戦等マッチの集合をいう。

シード seed　組み合わせを作るときに、強いプレーヤー、ペアまたはチームを、規定により要所に配置することをいう。大会運営規則第14条を参照。

失格　競技規則第42条及び審判規則第21条に該当する場合で、大会の最初にさかのぼって出場資格を失うことをいう。大会運営規則第13条を参照。

ショートマッチ short match　15ポイントマッチ、3ゲームまたは5ゲームマッチをいう。

ストリング string　ラケットのフレーム内に張る糸。ガットともいう。現在は、ナイロンやポリエステルの化学繊維のものが多い。

セット set　ゲームが集積されて規定に達することをいう。ソフトテニスでは通常1セットマッチ。

ソフトテニスコート soft tennis court　競技規則のうえでは、コート、アウトコート、ネット、ネットポスト及び審判台をいう。

【タ行】

大会委員長　大会を総括的に管理し大会運営に関する一切の責任を負う大会役員をいう。

タッチ touch　インプレーで、ラケット、身体、ウェアなどが審判台やアンパイアーに触れること(失ポイント)。

ダブルフォールト double fault　ファーストサービス、セカンドサービスともフォールトになること。1ポイント失うことになる。

チェンジサイズ change sides　奇数ゲームが終わるごとにサイドの交替を行い、サービスを相手と交替することを命ずるコールのこと。ファイナルゲームでは、2ポイントごとに相手チームと、サービスのチェンジをする。最初の2ポイントと、以後の4ポイントごとにサイドチェンジする。

着衣　プレーヤーが身体につけている服装などをいう。帽子、タオル及び眼鏡などを含む。

直接関係者　そのマッチのプレーヤー及びアンパイアーをいう。

提訴　アンパイアーの判定に対し、競技規則及び審判規則の適用に疑義を持ち、レフェリーに判定を求めることをいう。レフェリーの判定は最終のもので、アンパイアーもプレーヤーも従わなければならない。

トス toss　①サービス、レシーブ、サイド(コート)を決めること。ゲーム前にラケットを回す方法を取る。②サービス時の手

ソフトテニスのルールと審判

からボールを放す動作。

ドリブル dribble　ボールが2度以上ラケットに当たること（インプレーでは失ポイント。サービスはフォールト）。

ドロー draw　試合の組み合わせ。

【ナ行】

ネットオーバー net over　インプレーでラケット、身体、ウェアなどの一部でもネットを越えること。ただし、打球後の惰性で越えてインターフェアーとならない場合は失ポイントにならない。

ノーカウント no count　アンパイアーが判定を誤ったためにプレーに支障が生じた場合や、不慮の突発事故によりプレーが妨害された時、そのポイントを採点せずにやり直すこと。

【ハ行】

パートナー partner　ダブルスマッチで組むプレーヤーで、サービス（レシーブ）をするプレーヤーのほかのプレーヤーをいう。2人はお互いにパートナーである。

付帯する施設・設備　フェンス、観覧席、ベンチ及びその他のソフトテニスコートに付帯する施設・設備をいう。

フットフォールト foot fault　サーバーがサービスを完了する前にどちらかの足がベースラインを踏んだり、コート内に入ったりする反則。

ブレーク break　相手のサービスゲームを破り、そのゲームを獲得すること。

不戦勝　組合せ上、相手が存在せず（なく）、または相手が棄権し、もしくは失格となっ

たためマッチを行うことなく勝ちと認められ、次回戦に進むことをいう。

ポイント point　スコアの最小単位をいう。

【マ行】

マッチ match　1セットマッチの場合は、ゲームが集積されて規定に達することをいう。ロングマッチの場合はセットが集積されて規定に達することをいう。

マッチ中　プレーボールからマッチの終了までの間をいう。ゲーム中のほかにゲームとゲームの間も含まれる。

マッチポイント match point　試合の勝敗を決定する最後の得点。

【ヤ行】

有効返球　インプレーで、失ポイントにもノーカウントにもならない打球をいう。

用具　ネット、ボール及びラケットをいう。

【ラ行】

ライトサービスコート right service court　レシーバー側からネットに向かって右側のサービスコートをいう。

レシーバー receiver　レシーブサイドのプレーヤーまたはペアをいう。

レフェリー referee　審判委員長、審判副委員長で競技規則等の解釈と適用に対する権限を持つ者をいう。

レフェリー長　レフェリーの総括責任者をいう。

レフトサービスコート left service court　レシーバー側からネットに向かって左側のサービスコートをいう。

158

著者
川端優紀 かわばた ゆうき（写真右から２番目）
2023年4月より始動したソフトテニス女子実業団チーム「ヨネックス新潟」の監督。現役時代はヨネックスのエースとして活躍。2004年と2005年の皇后杯全日本選手権2位、2007年に日本リーグ優勝。

取材協力
新倉裕二 （写真左から２番目）
「ヨネックス新潟」コーチ。2019年と2022年に新潟県の国体成年女子監督を務めた。

撮影協力
鈴木愛香、田辺なつき
ともに「ヨネックス新潟」所属選手。

撮影協力
渡邊惺矢選手、鈴木櫂正選手（甘楽町立甘楽中学校３年）

**中学デビューシリーズ
ソフトテニス入門**

2024年10月31日　第1版第1刷発行

著者　川端優紀
発行人　池田哲雄
発行所　株式会社ベースボール・マガジン社
〒103-8482
東京都中央区日本橋浜町2-61-9　TIE浜町ビル
電話　03-5643-3930（販売部）
　　　03-5643-3885（出版部）
振替口座　00180-6-46620
https://www.bbm-japan.com/

印刷・製本　共同印刷株式会社

©Yuuki Kawabata 2024
Printed in Japan
ISBN 978-4-583-11706-5　C2075

★定価はカバーに表示してあります。
★本書の文章、写真、図版の無断転載を禁じます。
★本書を無断で複製する行為（コピー、スキャン、デジタルデータ化など）は、
　私的使用のための複製など著作権法上の限られた例外を除き、禁じられています。
　業務上使用する目的で上記行為を行うことは、使用範囲が内部に限られる場合で
　あっても私的使用には該当せず、違法です。また、私的使用に該当する場合であっても、
　代行業者等の第三者に依頼して上記行為を行うことは違法となります。
★落丁・乱丁が万一ございましたら、お取り替えいたします。
★QRコードはデンソーウェーブの登録商標です。
★動画は、インターネット上の動画投稿サイト（YouTube）にアップしたものに、
　QRコードで読み取ることでリンクし、視聴するシステムを採用しております。
　経年により、YouTubeやQRコード、インターネットのシステムが変化・終了したことにより
　視聴不良などが生じた場合、著者・発行者は責任を負いません。また、スマートフォン等での
　動画視聴時間に制限のある契約をされている方が、長時間の動画視聴をされた場合の
　視聴不良などに関しましても、著者・発行者は責任を負いかねます。